Gudrun Murina

Eigene Lösungen finden

Gudrun Murina

Eigene Lösungen finden

leichter und entspannter im Alltag leben

Familienbande

Impressum / Imprint
Bibliografische Information der Deutschen Nationalbibliothek: Die Deutsche Nationalbibliothek verzeichnet diese Publikation in der Deutschen Nationalbibliografie; detaillierte bibliografische Daten sind im Internet über http://dnb.d-nb.de abrufbar.

Bibliographic information published by the Deutsche Nationalbibliothek: The Deutsche Nationalbibliothek lists this publication in the Deutsche Nationalbibliografie; detailed bibliographic data are available in the Internet at http://dnb.d-nb.de.

Coverbild / Cover image: www.ingimage.com

Verlag / Publisher:
Familienbande
ist ein Imprint der / is a trademark of
OmniScriptum GmbH & Co. KG
Heinrich-Böcking-Str. 6-8, 66121 Saarbrücken, Deutschland / Germany
Email: info@verlag-familienbande.de

Herstellung: siehe letzte Seite /
Printed at: see last page
ISBN: 978-3-639-62002-3

Inhaltsverzeichnis: **Seite**

Einleitung

Ich möchte dich gerne auf eine Reise mitnehmen, die das Ziel hat, dich näher und tiefer kennenzulernen, um dadurch entspannter und freudiger mit dir zu leben.

Es ist ein Buch der kleinen Schritte, ein Buch, das viele Fragen stellt. Einige Fragen können schnell beantwortet werden, die anderen weniger schnell, es gibt viele Beispiele und oft die Möglichkeit und das Angebot Eigenes zu entdecken. Die eigene Lösung zu finden ist ein kreativer, lebendiger Prozess. Er ist manchmal spannend, manchmal langsam, mal ist es wichtig geduldig zu sein und manchmal musst du es mutig wagen, er ist so bunt wie das Leben.

Klar können wir in dem grauen Alltag bleiben, das ist auch eine Lösung. Wenn es das ist, was für dich in Ordnung ist, so ist das deine Lösung. Manche Menschen mögen lieber grau als bunt. Das Gute ist, dass die Lösungen, die wir für uns einmal gefunden haben, auch überdacht und neu gefühlt werden können. Die Lösung braucht nicht unverändert zu bleiben. Es geht darum, zu spüren und zu prüfen, ob eine einmal gefundene Lösung noch so stimmt oder nicht. Auch Lösungen, die wir ganz automatisch treffen, können immer mal wieder auf den Prüfstand gestellt werden, vor allem dann, wenn wir merken, dass sie so nicht mehr stimmen.

Meistens ist es doch so, dass wir erst, wenn wir in der Krise sind, anfangen uns Gedanken zu machen. Was wir vielleicht verändern sollten oder müssten, damit wir aus der Krise wieder rauskommen. Wir spürten zwar schon lange, dass da etwas in uns rumort, dass da etwas nicht mehr so rundläuft, dass wir eigentlich etwas verändern sollten, doch das geht meist alles im Alltag unter. Oft verdrängen wir es mit unseren Gedanken: „Ach, ist doch nicht so schlimm, … wird schon wieder besser, … das Leben ist kein Wunschkonzert, … da muss ich jetzt halt durch, … und Zeit habe ich auch keine“. Doch es ziept und zupft immer wieder an uns. Solange bis es nicht mehr möglich ist, zu verdrängen und dann ist die Krise meist so groß, dass es richtig schwierig wird, eine Lösung zu finden.

Fange ich jedoch in den Zeiten an zu üben, wenn gerade vieles gut ist und ich mich gestärkt fühle, dann gibt es schon weniger Schwierigkeiten und ich bin geübter, wenn die große Krise kommt, an der es dann keinen Weg vorbei gibt. Ich bin davon überzeugt, dass wir immer etwas finden, woran wir üben können.

Am besten und nachhaltigsten lernen wir durch eigene Erfahrung, die uns Freude spüren lässt, die uns erleben lässt, genau wenn ich das verändere, anders mache, fühle ich mich besser. Aus diesem Grund, wird es in diesem Buch viele Anregungen dafür geben Erfahrungen zu sammeln, die ohne große Anstrengung gemacht werden können und doch viel Wirkung haben.

Wir leben in einer Welt, die von Individualität geprägt ist, in der fast alles sein darf. Geht es jedoch um unser Inneres, um unseren ganz eigenen Lebensweg, schauen wir sehr oft auf die anderen. Was sie meinen oder tun, vergleichen uns mit ihnen und urteilen hart, wenn sie nicht unseren Vorstellungen entsprechen.

Es geht in diesem Buch meistens um die kleinen Alltagsdinge, denn die großen kommen sowieso. Wenn wir uns im Kleinen üben, sind die großen Dinge gar nicht mehr so groß, und die kleinen Dinge haben wir eher in der Hand und können sie gestalten und daran üben. Wir brauchen nicht unser ganzes Leben gleich auf den Kopf zu stellen.

Du wirst in diesem Buch die eine oder andere Wiederholung lesen, das hat mehrere Gründe, einer davon ist, dass wir oft etwas lesen und denken „ja genau“ und es dann wieder vergessen. Das ist ganz normal; oder wir denken „ja, so könnte ich es auch mal denken oder tun“ und es gerät wieder in Vergessenheit, auch das ist in Ordnung. Von der Hirnforschung wissen wir, dass das Gehirn seine Zeit braucht Neues zu lernen und dann auch umzusetzen. Verstehe es also als kleine „hallo, hier bin ich wieder“-Gedanken, die dir helfen können.

Ich bin eine Verfechterin der kleinen Schritte, dann kommen die großen von allein und die Gefahr zu stolpern ist geringer, weil ich ja die kleinen Schritte bereits geübt habe.

Die Spielaufgaben sind gut in den Alltag integrierbar und sie erfordern nicht viel Zeit. Das Einzige was du für die Spielaufgaben brauchst, ist das Darandenken, das Wachsein, die Aufmerksamkeit dafür zu entwickeln und vor allem das Dranbleiben. Auch wenn du eine Weile etwas getan hast und es dann wieder in Vergessenheit gerät, mach einfach weiter. Manchmal entsteht auch der Gedanke, „naja jetzt kann ich es auch ganz lassen, denn wenn ich eh draußen bin, hat es keinen Wert mehr, wieder anzufangen“. Wenn du das wirklich so willst, dann mach das so, doch wenn du das Gefühl hast, dich bringt das ein wenig weiter, beginne einfach erneut. Du kannst jeden Tag neu beginnen. Mach dir einen Zettel an deinen Spiegel mit einem Wort darauf, das dich erinnern soll. Einen Zettel in deinen Geldbeutel mit einer Notiz oder programmiere dein Handy oder Smartphone so, dass es dich einmal am Tag kurz erinnert. Probiere es aus, wie es für dich gut ist.

Es sind viele kleine Spielaufgaben, picke dir die heraus, die dich ansprechen und an denen du auch Freude hast.

Ich stelle dir auch viele Fragen, die dich zum Nachdenken anregen können und zum Nachspüren auffordern wie das, was du liest, gerade für dich ist. Nimm dir diese Zeit des Nachdenkens und Spürens. Es ist extra viel Platz in diesem Buch zum Notizenmachen, fülle diesen Platz mit deinen eigenen Gedanken und Gefühlen.

Sicher wird dir während des Lesens immer mal wieder so eine kleine innere „Ja, aber"-Stimme begegnen. „Ja, aber bei mir ist es doch anders. ... Ja, aber die Situation ist doch eine ganz andere. ... Ja, aber das lässt sich doch nicht vergleichen." Wenn du diese Stimme hörst, schicke sie weder fort noch stimme ihr einfach ungeprüft zu, sondern frage dich:

- Stimmt das wirklich?
- Wo finde ich den realen Beweis dafür?
- Und selbst wenn es stimmt, was hindert mich daran es auszuprobieren?

Dann kannst du dich immer noch entscheiden, auf deine „Ja, aber"-Stimme zu hören und ihr recht zu geben.

Dies ist ein Arbeitsbuch, deswegen gibt es hinter den Fragen Platz für Notizen, sodass du deine Antwort gleich aufschreiben kannst. Du kannst dir auch ein schönes Notizbuch besorgen und darin alles Wichtige notieren. Und wenn es dich nervt, dann schmeiß es bitte in die Ecke, irgendwann kommt es da auch wieder heraus.

Was ist der Vorteil von eigenen Lösungen?

Der Vorteil von eigenen Lösungen ist, dass du sie dir selbst erarbeitet hast und sie nicht von irgendjemand vorgefertigt sind. Wenn du dieses Buch liest, geht es immer nur darum, dich zum Denken, Fühlen oder Tun anzuregen. Es geht um die Frage: „Was könnte für mich eine Lösung sein?“ All die Bücher, die geschrieben werden, können auch einen Weg zeigen. Doch ob dir dieser Weg entspricht, das kannst nur du herausfinden. Nur dann kann es deine Lösung sein, nur dann hast du Freude und Ausdauer daran, sie umzusetzen und du bleibst bei deinem Weg, auch wenn er schwierig ist, denn du hast ihn selbst gewählt.

- Zu welchem Thema hättest du gerne eine Lösung?

- Wie lange beschäftigst du dich schon damit?

- Scheiterst du immer wieder an irgendwelchen Klein- oder Groß-artigkeiten?

- Was hast du schon getan, gelesen, geredet, …? Welche Kurse hast du dazu bereits besucht?

- Hat dich das inspiriert?

- Denke nun an ein Thema, für das du bereits eine Lösung gefunden hast. Untersuche genau, was da anders war und ist und wie du zu dieser Lösung gekommen bist.

Sollte dir nichts dazu einfallen, ist das nicht schlimm, doch ich bin davon überzeugt, dass du etwas findest.

Unser Fokus liegt meistens auf den Dingen, die nicht so laufen, nicht so sind, wie wir es uns vorstellen oder es gerne hätten. Doch das ist sehr einseitig und lässt uns die Fülle unseres Lebens nur wenig spüren. Dann beschäftigen wir uns auch eher mit den Fragen, „warum ist das so, ... warum passiert mir das, ... warum immer ich?“. Doch haben dir diese Gedanken etwas gebracht, ist dein Leben dadurch reicher und bunter geworden? Oder steckst du immer wieder in diesem Gedankenkarussell?

Aus diesem Gedankenkarussell ist es möglich auszusteigen, indem ich meinen Gedanken ganz konkrete Fragen stelle. Beispielsweise mit dem Gedanken „immer passiert mir das“ geht das Gedankenkarussell los. Frage dich doch dann: „Was heißt immer? Stimmt das wirklich?“.

Sehr beliebt ist: „Immer wenn ich frei habe, regnet es“. Ist das wirklich so? Und wenn dieser Gedanke nicht stimmt, kann es sein, dass es auch noch weitere Gedanken in mir gibt, die gar nicht richtig sind, ich diese Dinge aber glaube und mir damit selbst die Freude, die Begeisterung und das Gutgehen nehme? Spüre nach, wie sich der Unterschied zwischen „immer“ und „manchmal“ anfühlt und entscheide dann, ob du deine Gedanken anders lenken willst.

Wie sehen deine Gedanken aus? Bestehen sie hauptsächlich aus: „ich muss, ... ich sollte, ... immer passiert mir das, ... warum ich?, ... nicht schon wieder, ... das Leben ist so schwer, ... weiter, weiter, ich habe keine Zeit, ... Erst wenn das passiert, kann ich glücklich sein. ... Erst wenn sich das verändert hat, geht es mir gut“? Welche Gedanken treiben dich an, Tag für Tag? Tun dir diese Gedanken gut?

Meistens hilft es, sich zu fragen: „Warum?“. So wie wir oft als Kinder gefragt haben und wenn wir eine Antwort hatten, gleich wieder die Frage

„warum?“ gestellt haben. Was ist deine Motivation? Warum meinst du etwas tun zu müssen und bei näherer Betrachtung merkst du dann, dass du eine ganz andere Motivation hast, als die, die erst mal offensichtlich ist.

Spielaufgabe

- Welche Gedanken, die dich nicht erfreuen, gibt es in dir?

- Was denkst du oft?

- Was könntest du stattdessen denken? Was wäre besser für dich?

Und nun setze immer wieder, wenn du merkst, „ah, da ist der Gedanke, der mir nicht guttut“, den Gedanken gegenüber, der dir guttut. Wichtig ist natürlich, dass du das auch spürst. Es geht hier nicht um das positive Denken, sondern um das Bewusstmachen von Gedankenmustern, die so selbstverständlich sind, dass wir sie nur selten hinterfragen, weil wir sie schon immer so gedacht haben.

Wenig Sinn ergibt der folgende Gedanke: „Das will ich nicht mehr denken!“. Dadurch entsteht eher ein innerer Widerstand. Überlege dir besser, was du stattdessen denken und fühlen willst.

Es ist doch so, dass das, was wir fühlen, wesentlich einprägsamer ist, als das, was wir nur über die Gedanken wahrnehmen. Eine wirkliche Erkenntnis geht nur, wenn der Verstand und die Gefühle daran gleichermaßen beteiligt sind.

Wenn ich im warmen Zimmer sitze und draußen ist es kalt, weiß ich „gut es ist kalt, ich sollte mich warm anziehen“. Doch es wird viel eindrücklicher, wenn ich dann rausgehe und nicht nur weiß, es ist kalt, sondern die Kälte auch spüre.

Die Frage nach dem „nützt mir das etwas“, geht immer in die Richtung, ob ich mich dadurch freudiger, erfüllter, besser und lebendiger fühle. Was kann ich tun, damit es mir etwas nützt? Durch diese Frage wird nicht der Egoismus unterstützt, denn wenn es mir besser geht, dann strahle ich für meine Umwelt auch etwas Freudiges aus.

Es kann natürlich auch sein, dass, wenn du richtig ärgerlich bist, du dann meinst „natürlich lass ich meinen Ärger an meinem Gegenüber aus, er hat ja Schuld oder er muss das jetzt halt aushalten“. Ist das förderlich für dich und die Beziehung zu deinem Gegenüber, fühlst du dich hinterher wirklich entspannt und glücklich?

Es gibt auch Standardsätze wie: „alles wird gut, … es gibt Schlimmeres, … was dich nicht umbringt, macht dich hart“. Sie sind, wenn wir sie wirklich fühlen würden, kein Trost, sondern nur ein Übertünchungsmanöver, entweder um die eigenen Gefühle nicht zu spüren, oder die des Gegenübers, oder sie sind einfach nur eine Worthülse.

Welche Standartsätze, die du nutzt, fallen dir ein? Und was macht dich so sicher, dass sie wirklich so sind? Eine Kollegin sagte neulich „ja, es ist halt immer schwer, woanders neu anzufangen, da weiß man noch nicht so gut Bescheid, muss alles erst kennenlernen und sich seine Position erarbeiten“. Sie sagte das nicht nur zu mir, sondern immer mal wieder auch zu anderen. So ist das für sie.

Für mich ist das ganz anders. Für mich sind Neuanfänge spannend und herausfordernd. Für mich ist es viel schwieriger zu bleiben, wenn ich mich unwohl fühle, wenn alles nicht mehr so stimmt, wie es meinen Idealen entspricht. Da gehe ich gerne woanders hin.

Also, was denkst du häufig?

- Man sollte …
- Man müsste …
- Eigentlich wollte ich …
- Eigentlich finde ich das gut …
- Eigentlich sollte ich mich freuen …
- Eigentlich müsste ich dankbar sein …

Dieses „eigentlich“ schränkt immer ein, bezieht keine klare Stellung und macht Dinge oft kleiner als sie sind.

Spielaufgabe

- Wie oft und wobei denkst du das Wort „man“ anstatt „ich“?

Ersetze nun immer, wenn es dir einfällt, das Wort „man“ durch „ich“ und spüre nach, wie anders es sich anfühlen kann. Wo bist du eher geneigt „man“, statt „ich“ zu sagen, wo geht es dir leicht über die Lippen, wo nicht? Und was verändert sich im Laufe der Zeit dadurch?

Wir machen uns das Leben manchmal dadurch schwer, indem wir überzeugt sind, dass nur unsere Sicht der Dinge richtig ist und der andere das doch verstehen muss. Natürlich fühlen wir uns bestätigt und mit ihm verbunden, wenn der andere auch so denkt und fühlt wie wir.

Wir haben jedoch auch die Möglichkeit, erst mal über die andere Sicht nachzudenken, uns sogar darüber zu freuen, über diese Erweiterung unserer Sicht, offen zu sein, Neues zu entdecken, ohne gleich zu urteilen: „Nein, interessiert mich nicht, meine Sicht ist richtig“. Wir können dann immer noch eine Situation so interpretieren, wie wir sie für richtig halten.

Es ist bei der eigenen Lösung auch immer ein Stück Freiheit dabei, denn ich kann es ja auch sein lassen wie es war und mich immer wieder und wieder daran stoßen.

Mach dir bewusst, du hast einen Teil deines Lebens in der Hand, da bist du Gestalter. Es geht nicht um die großen Dinge, sondern um die kleinen alltäglichen Dinge, die dir nicht passen, die du anders haben willst. Und vergiss gleich, dass die anderen für deine Veränderung zuständig sind, du weißt schon, die Gedanken, dass erst dein Gegenüber sich verändern muss oder etwas tun muss, bevor du etwas tust. Von den anderen kannst du zwar etwas erwarten oder dir wünschen, doch ob sie das erfüllen, liegt in ihrer Hand. Nur du kannst für dich etwas ändern.

- Du stehst mal wieder im Stau und ärgerst dich, bist unruhig und nervös, weil du nicht vom Fleck kommst?
- Was machst du dann normalerweise, was denkst du, was fühlst du?
- Fängst du einen Streit an?
- Schimpfst du über all die blöden Autofahrer?
- Wenn die nicht unterwegs wären, dann hättest du freie Fahrt?

Helfen dir diese Gedanken, wirst du dadurch ruhiger und entspannter, senkt sich dein Blutdruck und dir macht dadurch das Stehen im Stau nichts mehr aus? Super!

➢ Wenn nicht, was kannst du dann tun?

Denn du stehst ja da. Auch wenn du es gerne hättest, dass die anderen etwas tun, damit es dir besser geht, es ist nicht möglich. Also bleibt nur die Wahl, dich weiter zu ärgern oder du fängst an, dir zu überlegen, was du tun kannst, dass es dir dabei besser geht.

- Fällt dir dazu etwas ein?

Ja, und es gibt auch immer einen Grund sich zu denken „na, ich würde ja gerne etwas verändern, doch im Moment geht es nicht, dafür habe ich es zu eilig, zu viel zu tun, keine Zeit und ändert das den Stau, wird er dadurch geringer?".

Für mich ist die Lösung, dass ich weite Staustrecken mit dem Zug fahre. Da kann ich lesen, schreiben, träumen, muss nicht aufpassen und komme entspannter an mein Ziel, auch wenn der Zug Verspätung hat oder voll ist. Das nehme ich lieber in Kauf als im Stau zu stehen und auch nicht pünktlich zu kommen. Zug fahren ist für mich die entspanntere Art zu spät zu kommen.

Was brauche ich dafür um meine eigene Lösung zu finden?

- Mut
- Freude
- Achtsamkeit
- Veränderungswille
- Begeisterung
- Klarheit
- sich seiner Angst stellen zu wollen
- Bewusstheit
- Verantwortungsbereitschaft
- Standhaftigkeit
- liebevolles Umgehen mit sich selbst
- Humor
- Geduld

Das Beste daran ist, dass du alles in dir hast, stärker oder schwächer – doch es lebt in dir.

Auch wenn du jetzt denkst, „nein, das hab ich nicht, ... das kann ich nicht". Du wirst all dies beim Lesen des Buches entweder in dir neu entdecken oder wie eine alte vertraute Freundin wieder spüren.

Wichtig sind auch deine Ressourcen sowie die Erkenntnis und das Wissen darüber, dass du der Schöpfer und Gestalter deines Lebens bist.

Jetzt wirst du vielleicht denken, „ich soll Schöpfer und Gestalter meines Lebens sein?".

Ein kleines Experiment dazu: Wie fühlst du dich gerade? Ist deine Stimmung gut oder bist du eher genervt und gestresst? Egal, nun erinnere dich an eine Situation, in der du dich geärgert hast.

- Wie fühlt sich das an?
- Und nun erinnere dich an eine Situation, in der du dich gefreut hast, in der du glücklich und ausgelassen warst.
- Wie fühlt sich das an?
- Bemerkst du einen Unterschied? Das Einzige was jetzt von außen kam, war die Frage, doch gefühlt und gespürt hast du. Du bist zwischen den Gefühlen hin und her gegangen, also warst du in dem Moment der Schöpfer, oder?

Ressourcen

Ressourcen sind das, was du im Inneren als stärkend empfindest und erlebst; sie sind so vielfältig wie das Leben.

Vor vielen Jahren befand ich mich in einer lebensbedrohlichen Situation, es war eine sternenklare Nacht kurz vor Weihnachten, auf einmal fielen so viele Sternschnuppen vom Himmel, wie ich sie noch nie gesehen habe, ein richtiger Sternschnuppenregen. Da habe ich gedacht, wohl eher gefühlt, „wenn so viele Sternschnuppen meinen Weg begleiten, kann es nur gut werden“. Dieses Bild hat mich immer wieder gestärkt und mich weitergehen lassen, auch wenn es besonders schwierig war.

Manchmal ist es ein Satz, der dich an etwas Gutes erinnert, eine Begegnung, die schon lange zurückliegt oder dass du dich auf dich selbst besinnst und spüren kannst, was du schon alles geschafft hast. Es kann auch eine Geste sein, ein Musikstück, ein Platz, der dir gutgetan hat oder eine schwierige Situation, die du gut für dich gelöst hast.

Eigene Lösungen zu finden und sie dann zu leben, erfordert, dass ich mir bewusst bin, dass ich mein Leben selbst gestalten kann und das auch will. Das bedeutet, dass nur ich mir Rechenschaft schuldig bin, dass ich mich immer neu entscheiden kann, „will ich das so oder möchte ich es anders?“. Sicher kann ich auch in dieser Opferhaltung bleiben, das mein Umfeld sich erst verändern muss, bevor es mir besser geht, dann habe ich mich auch so entschieden und kann daher nicht mehr das Umfeld verantwortlich machen, oder?

Klar erfordert das auch Mut, seinen eigenen Weg zu gehen, Gestalter seines Lebens zu sein und wie so vieles, kannst du es auch sein lassen.

Niemand zwingt dich, doch du weißt auch, dass du niemanden verantwortlich machen kannst für dein Leben, wenn es nicht so läuft, wie du willst. Sicher kannst du die anderen verantwortlich machen, doch es bringt dich keinen Schritt weiter.

Mut gehört unbedingt dazu, eigene Lösungen zu finden, denn wenn wir keinen Mut haben, verändern wir auch nichts. „Ja, aber" läuft dir die Stimme gerade über den Weg?

Eigene Lösungen zu finden bedeutet auch, sich immer wieder neu zu fragen, „ist das was ich tue auch mir entsprechend und wenn nicht, was hindert mich daran". Das bedeutet nicht, dass ich jetzt sofort eine Lösung finden muss. Manchmal verlangt das Leben einem eben auch Geduld ab, dann ist es wichtig aufmerksam zu sein und zu warten, bis sich die Lösung zeigt. Manchmal ist es auch wichtig, jetzt zu handeln.

Es geht darum in sich reinzuhören, ehrlich zu sein, achtsam mit sich umzugehen. Balance zu finden, sich nicht zu überfordern und immer wieder zu meinen, „ich müsste höher, weiter, schneller und ich bin nie gut genug". Auch ergibt die Haltung wenig Sinn, dass die anderen erst einmal machen sollen, „erst wenn das passiert, dann kann ich etwas tun".

Manchmal kann auch die Lösung sein, jetzt nichts zu verändern, sondern das, was gelöst werden will, in Ruhe zu lassen, bis es sich von selbst meldet, bis die Lösung da ist. Das erfordert Geduld und den Mut seinen eigenen Weg zu gehen. Auch die Offenheit Lösungsmöglichkeiten zu erkennen und wahrzunehmen. Denn es ist alles da, was wir brauchen, nur sehen wir es nicht immer direkt.

Wenn wir kleine Kinder beim Gehenlernen beobachten, erst lernen sie sich aufzurichten, sind noch wacklig, unsicher und fallen auf den Hintern, stehen wieder auf, gehen unsicher einen Schritt und fallen wieder hin. Lassen sie sich dadurch entmutigen? Nein, immer wieder stehen sie auf, fallen hin, stehen wieder auf und fallen hin. Sie tun das mit Begeisterung und lassen sich nicht entmutigen, bis sie es können und welch Strahlen entsteht da, nicht nur für das Kind, sondern auch für die Menschen, die es begleitet haben. Die Kinder lernen auch nicht das Laufen, weil sie müssen, sondern weil es in ihnen eine Kraft gibt, die einfach fließt und da ist.

Wir können diese fließende Kraft auch manchmal spüren, wenn wir ganz in unserem Tun sind, uns ganz darauf einlassen im Hier und Jetzt zu sein. Auch wenn wir unsere Lösung gefunden haben, für die Fragen, die uns bewegen, ist es ein Prozess, der nie endet. Das macht das Leben lebendig und spannend. Es ist auch nicht so, dass wir uns den ganzen Tag damit beschäftigen, was denn nun die Lösung sein kann. Es ist eher ein immer währender Prozess, der mal stärker und mal schwächer ist und das ist gut so. Es ist wichtig auch zwischendurch nur zu sein, nichts tun zu müssen und zu wollen. Ich weiß, dass sind keine neuen Erkenntnisse, doch da wir sie oft auch wieder vergessen, ist es wichtig, sie immer wieder ins Bewusstsein zu rufen.

Allgemeines

Alle Übungen, die hier vorgeschlagen werden, können helfen, spielerisch mit sich selbst umzugehen, zu entdecken, dass Veränderung und eigene Lösungen gar nicht so schwierig sein „müssen“, denn mit Freude und Humor, einem verschmitzten mit sich selbst umgehen wird das Leben leichter. Deswegen sind es auch eher Spielaufgaben. Klar kannst du es dir auch schwer machen, wenn dir das lieber ist, dann ist das dein Weg, das ist in Ordnung. Das Leben ist ja auch schwer und entbehrungsreich. Es ist jedoch auch voller Freude, Überraschungen und kleinen oder großen Glücksmomenten, wir nehmen sie nur zu wenig wahr.

Eine kurze Bemerkung noch zu diesem Wort „müssen“, wir verwenden es so häufig, dass wir uns wenig im Klaren darüber sind, was das „ich muss“ überhaupt bedeutet. Da ist gefühlt doch immer ein Zwang dahinter, ein „naja, mir bleibt ja nichts anderes übrig“. Wie oft nutzt du dieses Wort und ist das wirklich so, dass du das alles „musst“? Was meinst du zu müssen?

Wenn du nicht bereit bist, dein Leben aktiv in die Hand zu nehmen und Verantwortung für dich zu übernehmen anstatt sie an Partner, Arbeitgeber, Eltern, Kinder usw. abzugeben, kannst du das Buch getrost weglegen. Denn dann wird es dich nicht interessieren, sondern nur ärgern.

Wie oft denken wir: „Ach, warum passiert mir das immer wieder? Warum gerade ich? Was habe ich denn getan, dass mir das passiert? Wenn sich das ändert, würde es mir besser gehen. Wenn mein Gegenüber anders wäre, dann wäre alles gut. Wenn ich nicht diese oder jene Erlebnisse gehabt hätte, dann würde es mir viel besser gehen.".

Versuch einmal, nur ganz kurz, aus diesem Gedankenkarussell auszusteigen. Das geht ganz einfach, mit den Fragen: „Was nützen mir diese Gedanken? Wie oft denke ich diese Gedanken und hat mir das schon irgendeine gute Lösung gebracht? Was nützt es wirklich, wenn ich einen Schuldigen gefunden habe? Geht es mir dann besser? Wird mein Leben leichter, bei dem Gedanken „der ist schuld?".

Wie fühlt sich der Gedanke an, „ja, der hat Schuld, doch ich habe es jetzt in der Hand, dass es mir besser geht"? Manchmal hilft schon folgende Betrachtungsweise, „aha, die Situation, die ich da erlebt habe, hat mich so geprägt, dass ich deshalb erst einmal so fühle. Doch will ich mich immer wieder so schlecht fühlen?".

Was stärkt, was schwächt mich, eigene Lösungen zu finden?

Sicher ist es erst einmal einfacher mit Situationen zu beginnen, die sich eher im äußeren Leben abspielen, denn da ist die eigene Befindlichkeit noch nicht ganz so groß und du kannst Neues ausprobieren und brauchst keinen anderen dazu.

Zum Beispiel ist es so:

- Mich ärgert es sehr, wenn Menschen zu spät kommen.
- Sie sollen pünktlich sein.
- Das würde ich gerne verändern.
- Die, mit denen ich verabredet bin, sollen sich anstrengen pünktlich zu sein, ich bin es ja auch.
- Die anderen sollen es verändern. Doch tun sie es? In den wenigsten Fällen.

Wie oft meine ich dann, mich ärgern zu „müssen“, weil die anderen zu spät kommen? Das reibe ich ihnen auch immer wieder unter die Nase, weil letztendlich die anderen ja daran schuld sind, dass ich so schlechte Laune habe. Doch nützt mir das etwas? Fühle ich mich dadurch freudiger und entspannter, wenn ich meine schlechte Laune an meinem Gegenüber auslasse?

Ich kann das jedoch auch als Tatsache ansehen und nun für mich eine Lösung finden. Komme ich manchmal auch zu spät und fühle mich dadurch entspannter? Oder nehme ich mir etwas mit, um die Wartezeit zu vertreiben? Dadurch werde ich Gestalterin und habe nicht mehr das Gefühl dieser Situation ausgeliefert zu sein und ich fühle mich entspannter.

Eine Freundin kam regelmäßig zu spät oder auf den letzten Drücker, was für mich, vor allem dann sehr nervig war, wenn wir in eine Veranstaltung wollten, wir noch keine Karten hatten oder es freie Platzwahl gab. Auch wollte ich nicht immer auf dem schlechtesten Platz sitzen oder ich habe mich geärgert, wenn es schon ausverkauft war. Ich komme gerne in Ruhe an und bin lieber eine halbe Stunde früher da. Diese Zeit ist mir wichtig, ich verzichte dann auch lieber auf eine Veranstaltung, wenn ich mich nur abhetzen muss, um es gerade noch zu schaffen. Sie versprach mir immer Besserung, doch es gelang ihr trotzdem nicht, zum verabredeten Zeitpunkt da zu sein. Das war ein großer Streitpunkt zwischen uns.

Bis mir meine Lösung einfiel. Ich war einfach schon zu der Zeit, die für mich gut war dort, hatte Karten und einen Platz, den ich mir aussuchen konnte. Ich war entspannt und meine Freundin ebenso, sie musste sich nicht so stressen und wir stritten uns weniger, zumal sie ja dann auch das Glück hatte, auch einen guten Platz zu bekommen. Das war es mir durchaus wert.

Kommt sie wieder um die Ecke die „Ja, aber“-Stimme? Weil sie dann auch noch einen Vorteil davon hat? Warum nicht? Ich muss sie doch nicht erziehen, oder?

Noch ein Beispiel: Neulich wurde ich in einer 30er-Zone geblitzt, ich war einfach nur unaufmerksam. Nun habe ich die Möglichkeit mich über die Abzocker zu beschweren, was denen einfällt dort zu blitzen oder über die Stadt, die die 30er-Zone eingerichtet hat, ja dass die Autofahrer eh alle abgezockt werden und, und, und ... Doch was nützt mir das? Brauche ich es dann nicht zu bezahlen? Fühle ich mich dadurch ruhig und entspannt?

Oder ich denke, „gut, du bist zu schnell gefahren, nächstes Mal besser aufpassen“ und bezahle einfach. Im fortgeschrittenen Stadium kann ich mich noch freuen, dass ich doch immer noch viel Glück hatte, denn wie oft fahre ich zu schnell.

Suche dir eine kleine Situation aus, über die du dich immer wieder ärgerst, die dich stört, nervt oder dir lästig ist.

- Ist dir eine Situation eingefallen?

- Was würdest du gerne daran ändern?

- Wer denkst du „muss“ etwas verändern und warum sollte er das tun?

Wenn du eine Diät machst und sie mit oder ohne Erfolg beendest, machst du dann dein Umfeld dafür verantwortlich? Wenn ja, warum? Ist das nicht etwas absurd?

Doch wie oft geben wir unsere Verantwortung einfach ab, weil wir denken, „jetzt „muss“ mal der andere“.

Glück

Einer der wichtigsten Gründe, warum es sinnvoll ist, eigene Lösungen zu finden, ist natürlich der, dass wir dadurch die große Chance haben, glücklicher zu sein.

Vorher ist jedoch noch zu klären, was Glück bedeutet. Ist es das Gefühl, ich muss zufrieden sein, weil ich doch alles habe, was ich brauche?

Nein, das meine ich nicht mit glücklich fühlen. Glück sind für mich kurze oder längere Momente, sie lassen mich das Leben in seiner Lebendigkeit fühlen, ja auch Tränen können dazugehören. Es macht das Leben leichter, bunter, strahlender. Ein bisschen Schwere fällt ab von mir. So kann schon ein Satz, ein Wort, eine Geste, eine Musik, der Sonnenstrahl, der durchs Fenster leuchtet oder einem Menschen ein Lächeln aufs Gesicht zu zaubern, glücklich machen. Nach großer Anspannung endlich loszulassen, weil das Ziel erreicht ist. Es gibt so viele kleine und große Glücksmomente – nehmen wir sie auch wahr? Und was für den einen Glück ist, kann für den anderen unwichtig sein oder sogar unverständlich.

So wie es für mich nicht nachvollziehbar ist, auf einen Berg zu steigen und sich dann zu freuen, es geschafft zu haben. Ich habe es mehrmals ausprobiert, doch das Bergsteigen bringt mir nun mal einfach keine Freude. Mich macht es glücklich am Meer zu sein, mit den Wellen zu spielen und den Sand unter meinen Füßen zu spüren oder auch einfach nur die Tasse Kaffee morgens in Ruhe zu trinken.

In letzter Zeit mache ich immer mehr die Erfahrung, wie viel Glücksmomente mir auch die Vorfreude bereitet – zum Beispiel wenn ich daran denke, dass wir nächstes Jahr im Herbst Urlaub an der Nordsee machen. Es lässt mein Herz vor Freude höher schlagen und macht mich glücklich, wenn ich daran denke und mir ausmale, wie es dort sein wird. Es entspannt sich etwas in mir und es geht mir für den Moment besser, wie eine kleine Glücksoase, die ich mir damit geschaffen habe. Nun kenne ich natürlich auch die andere Stimme, die sagt, „freu dich nur nicht, sonst bist du ganz enttäuscht, denn bis nächsten Herbst kann noch so viel passieren. Vielleicht regnet es die ganze Zeit dort, es ist kalt und windig oder es kommt etwas dazwischen, sodass wir gar nicht dahin können.“. Ja, das kann alles sein, doch das ist in der Zukunft, das habe ich nicht in der Hand. Doch ich kann mich jetzt darüber freuen und mir dadurch mein Leben schöner machen. Und sollte es dann doch nicht so werden, wie ich es mir ausgemalt habe, na und, ich hatte fast ein Jahr immer mal wieder Glücksmomente, die mir im Alltag Kraft und Stärkung gegeben haben. Also warum sollte ich mir die Vorfreude nehmen, die mich jetzt erfüllt? Denn ob ich mich freue oder nicht, wenn es dann doch nicht so ist, kann ich nichts ändern, doch ich hatte lange die Vorfreude.

- Was bedeutet Glück für dich?

- Wann fühlst du dich glücklich?

- Wann fühlst du ein wildes, starkes Glücksgefühl?

- Wann ein ganz zartes, sanftes Glücksgefühl?

- Darfst du überhaupt glücklich sein?

- Was müssen die anderen erfüllen, damit du glücklich bist?

- Müssen es die anderen wirklich erfüllen und warum?

- Lass dir Zeit zum Nachspüren … wirklich Zeit.

- Kann ich erwarten, dass ich glücklich bin?

- Und wenn ja, von wem? Vom Leben, von meinen Mitmenschen oder ist mein eigenes Zutun gefragt?

- Spüre mal nach, was dich zuletzt glücklich gemacht hat?

Manchmal kann genau diese Frage nach dem Glück ein Teil der Antwort für eine Lösung sein.

- Wo fühlst du dich glücklich?

- Bei was fühlst du dich glücklich?

Schränke dich nicht ein mit Gedanken wie „das geht eh nicht, ... das kann ich nicht“. Spüre deinem Glück nach.

- Wo im Alltag kannst du kleine oder größere Glücksmomente spüren?

Wisch die kleinen Glücksmomente nicht zur Seite, weil jetzt keine Zeit ist oder eh alles so glücklos ist, da darfst du dich doch nicht glücklich fühlen?!

Es ist auch gut möglich, das Glück erst gar nicht spüren zu „müssen".

Zum Beispiel wie ein Arbeitskollege, er doktert den ganzen Tag an einem PC-Programm herum, es läuft und läuft nicht, nach Stunden endlich wie von Zauberhand, es geht – hurra! Und was macht der Kollege? Er sagt: „Was soll denn das jetzt? Ich habe doch gar nichts anders gemacht und jetzt läuft es wieder."

Wir denken so oft an den Mangel, an das was wir nicht haben. Was passiert, wenn du mal darüber nachdenkst, wovon du genug hast?

- Erlaube dir die Gedanken im Sinne von „es reicht und es ist gut, so wie es ist".

Unser Blickwinkel

Warum nur sehen wir das, was negativ ist oder uns so erscheint, als ob es negativ ist und nicht das, was jetzt schon gut ist? Wie oft höre ich ähnliche Unterhaltungen: „Die Sonne scheint endlich mal wieder" – „Ja, morgen wird es aber wieder regnen", kommt die Antwort. Warum machen wir das, warum nehmen wir uns die Freude über den Sonnenschein schon weg? Warum freuen wir uns nicht jetzt, dass die Sonne da ist, warum werde ich darauf aufmerksam gemacht, dass der Regen kommt? Und so gehen wir mit vielen Dingen um. Wer isst mit Genuss ein Stück Kuchen ohne zu denken oder es laut zu sagen „dann sündige ich heute"? Warum muss das Schöne oder das, was uns Freude bringt, negativ kommentiert werden? Und ist es umgekehrt auch so? Wenn etwas negativ ist, dass sofort jemand oder auch wir selbst etwas Positives entgegensetzt – selten, oder?

- Was geschieht, wenn du einfach mal in Gedanken dem Negativen etwas Schönes gegenübersetzt?

Natürlich bleibt die Tatsache, dass es viele schreckliche Dinge gibt, aber ebenso bleibt die Tatsache, dass es viele schöne Dinge gibt und wir es in der Hand haben, welche Seite wir mehr sehen wollen. Es geht auch nicht darum, etwas schönzureden, sondern darum, mal den Blickwinkel zu verändern und auszuprobieren, was dann geschieht und ob dadurch das Leben nicht leichter und freudiger wird.

Vielleicht habe ich heute schlechte Laune. Nein, das stimmt nicht, ich bin traurig aus welchem Grund auch immer und die schlechte Laune stellt sich nur davor, damit ich nicht so traurig sein muss. Diese Seelenzustände kennst du sicher auch. Wie gehst du mit ihnen um? Dürfen sie sein, auch wenn du sie nicht wirklich spüren willst? Oder werden sie völlig ignoriert? Und selbst in dieser Traurigkeit kann es Momente geben, die dich lächeln lassen, sei es ein Lächeln eines anderen Menschen oder ein Wort, ein Satz. Das geht jedoch nur, wenn du aufmerksam bist und es auch zulässt. Wir leben in dieser Polarität von Licht und Schatten von Ying und Yang und beides ist richtig und wichtig, doch wir können es beeinflussen in welche Richtung wir denken und fühlen wollen, eher in die Schattenrichtung oder in die Lichtrichtung. Manchmal wechselt es auch ganz schnell, das eine schließt das andere nicht aus. Doch was bringt dir mehr Frieden und Freude, das Negative – also den Schatten zu sehen, oder im Schatten auch das Licht wahrzunehmen und das Licht immer größer werden zu lassen?

Spielaufgabe

- Was kann ich heute tun (ja du nicht die anderen), um ein Glücksgefühl zu spüren?

Wir wissen, dass die Welt mit einem Lächeln im Gesicht schon ganz anders aussieht. „Ja“, denkst du jetzt, „das mag schon stimmen, aber mein Leben ist so schwer und ich habe schon so viel Kummer erlebt, wenn du wüsstest, dann würdest du nicht mit solchen Ideen kommen“.

Recht hast du, doch es geht mir hier nicht darum, das was in dir an schwerem Kummer, Leid und Traurigkeit lebt wegzuwischen, denn das Leben fühlt sich manchmal sehr schwer an. So schwer, dass wir fast nichts anderes mehr denken können und auch die Gewissheit haben „ja, das Leben ist schwer". Mir geht es darum, dass auch etwas Leichtes leben darf und seinen Platz hat und der Fokus auch auf das Freudige gelenkt werden darf.

Ich war auf dem Weg zum Frühdienst. Diese Uhrzeit ist nicht die meine und Ich hatte – wie so üblich – zu wenig geschlafen. Der Morgen war grau, trüb und kalt. Ich ging so in Gedanken meinen Weg und da hörte ich plötzlich, wie ein Vogel sein Morgenlied pfiff. Ihm war es egal, dass es kalt, grau, trüb und so früh war. Ich dachte, wenn so ein kleiner Vogel so freudig an einem so trüben Morgen sein Lied pfeift, dann kann ich mich doch jetzt auch darüber freuen – und schon ging ich beschwingter zur Arbeit. Die andere Möglichkeit wäre nun zu denken, „ja, ja, pfeif du nur, davon lass ich mich jetzt weder beeindrucken noch erfreuen". Genau das sind solche Augenblicke, in denen ich sehr wohl entscheiden kann, wie ich mit meinen Gedanken und Gefühlen umgehe, da bin ich Schöpfer meiner Gedanken und Gefühle.

Oder ein anderes Beispiel: Vor vielen Jahren arbeitete ich in einer Einrichtung für „schwer erziehbare Kinder". Die meisten von ihnen mussten schon viele Schwierigkeiten in ihrem Leben meistern. Anfang Dezember fiel der erste Schnee, alle (auch die coolen Jungs) stürmten voller Begeisterung raus, um sich ihre erste Schneeballschlacht zu liefern. Ich mag keinen Schnee, er ist mir zu kalt, aber diese Freude und Begeisterung der Kinder hat mich tief berührt und mir deutlich gemacht, wie wichtig es ist, sich auch an kleinen Dingen zu freuen.

Wann fühlst du dich kraftvoll?

- Was bedeutet Kraft für dich?

Bedeutet es, jeden Morgen aufzustehen und den Tag gut organisiert rumzukriegen oder dem Chef zu zeigen, wo der Hammer hängt oder als Chef zu zeigen „ich bin der Chef“? Oder fühlst du dich kraftvoll, wenn du traurig bist und deine Gefühle zeigst und auch mal „nein“ oder „Stopp, so will ich es nicht“ sagen kannst?

- Was bedeutet echte Stärke für dich?

- Wann hast du dich das letzte Mal ganz von deiner Kraft durchdrungen gefühlt?

War das, als du dem Ober gesagt hast, dass das Essen nicht schmeckt oder als die Schwiegermutter zu Besuch kommen wollte und du „nein“ gesagt hast? Also in dem Moment, wo du für dich eingestanden bist und bestimmt und klar gesagt hast, was und wie du es jetzt möchtest?

Als du den Mut hattest, zu sagen „so möchte ich es nicht“?

Es gibt so vielfältige Möglichkeiten, Stärke zu fühlen und oft ist es uns nicht bewusst oder wir tun es einfach ab, als wäre es doch gar nicht so schwer. Ist Stärke das eher nach Außen gerichtete und Kraft eher die

Energie, die von Innen kommt, also das, was ich nicht aufgrund meiner Rolle mache, sondern das, was aus dem Inneren zum Tragen kommt? Aus der gefühlten oder bewussten Sicherheit, etwas verändern zu wollen, etwas anders zu machen. Wenn ich etwas Neues wage, auch wenn mein Umfeld mit Unverständnis reagiert?

Es geht nicht immer um die großen Veränderungen, sondern eher um die kleinen Schritte.

Oft sind es die kleinen Dinge, ich kann ja auch keinen Berg besteigen mit großen Schritten, wenn ich sie nicht vorher geübt habe. Diese kleinen Schritte, Schritt für Schritt mutig und vertrauensvoll zu gehen. Unser Leben zeigt uns, welche Schritte wir gehen können, wenn wir aufmerksam sind. Welche kleinen Schritte fallen dir denn ein, bei denen du deine Kraft gespürt hast?

Wenn du dein jetziges Leben betrachtest:

- In welcher Situation hast du dich kraftvoll und stark gefühlt?

Auch wenn dir nicht gleich etwas einfällt, ich bin sicher, dass es das eine oder andere Erlebnis gibt. Hole dir das in Gedanken und Gefühlen in deine Erinnerung zurück. Ganz konkret: Wie war die Situation, in welcher Umgebung, mit welchen Menschen warst du zusammen, was hast du getan, gedacht, gefühlt? Spüre dieses Gefühl der Kraft nach, erlebe sie. Spüre deine ureigene Kraft in dir!

Ich war auf Bitten des Chefs eingesprungen und sollte bis um 18:00 Uhr arbeiten, länger konnte ich nicht, da ich abends noch etwas vorhatte. Es war so viel los, dass wir ohne Pause (nicht mal für eine Zigarette hat es gereicht) 9 Stunden durchgearbeitet haben. Als um 2 Minuten vor 18:00 Uhr der Chef kam und sagte ich müsse noch bleiben, erwiderte ich „nein, ich gehe pünktlich, denn ich habe noch etwas vor". „Wenn ich sage, dass du noch bleibst, dann hast du auch zu bleiben!", erwiderte mein Chef. Ich antwortete: „Ich ziehe jetzt meine Schürze aus und gehe!" Das habe ich auch getan, mit der Konsequenz, dass ich eine Abmahnung erhalten habe. Damit konnte ich leben, denn für mich war wichtig, mich zu vertreten und mich nicht ausgeliefert und machtlos zu fühlen.

Spielaufgabe

Wenn du jetzt in eine Situation gerätst, die dich schwächt, dann hole dir dieses Gefühl der Kraft und Stärke wieder in dein Bewusstsein und nimm dann wahr, was sich im Moment verändert hat.

Das wirklich Gute an all diesen Dingen, die ich mir vorstelle oder die ich in mir spüre, ist, dass wir uns mit den stärkenden, guten Gefühlen selbst gut unterstützen können. Aus der Hirnforschung wissen wir, dass das Gehirn keinen Unterschied zwischen Realität und Fiktion kennt. Das heißt, wenn wir uns freuen, egal ob jetzt in der Realität oder nur in Gedanken Freude fühlen, das Gehirn die Botenstoffe „freu dich" ausschüttet. Anders herum geht es aber selbstverständlich auch. Denke (spüre) nur mal wieder an eine Situation, in der du dich geärgert hast, dann kannst du deutlich spüren, wie sich deine Stimmung verändert, oder? Dein Hirn schüttet nun die Botenstoffe „ärgere dich“ aus. Wichtig ist, dass es um das Fühlen geht, nicht um das Denken.

Was begeistert dich?

Lass mal deiner Fantasie ganz freien Raum, setze ihr keine Grenzen und träume von dem, was dich begeistert. Was fällt dir dazu ein? Wo spürst du deine Freude? Wo fühlst du dich lebendig? Begrenze deine Gedanken nicht mit „das geht nicht, ... das kann ich nicht, ... das ist illusorisch, ... träumen kann ich ja, aber da passiert eh nichts". Träume und fühle was dich begeistert, was dich glücklich sein lässt? Welche Bilder entstehen in dir? Welche Gedanken? Wie fühlt sich das an? Spürst du Freude, Sehnsucht, Trauer oder auch Zorn? Alle Gefühle sind in Ordnung. Suche dir etwas aus deiner Fantasie, was du jetzt gerne umsetzen willst aus. Nein, der Gedanke „das kann ich nicht", gilt nicht, auch wenn du ein Mann bist, um die 50 und Balletttänzer werden willst. Geh den ersten Schritt deinem Ziel entgegen – jetzt! Du findest einen Weg, wenn du es wirklich willst, da gehe ich jede Wette mit dir ein. Du sitzt im Rollstuhl? Und was hält dich davon ab, den ersten Schritt zu gehen und zu schauen, wo es Balletttänzer im Rollstuhl gibt? Ach, gibt es nicht? Ja, dann bist du der erste, wenn du es wirklich willst.

Es braucht nicht so etwas Großes sein, vielleicht gibt es kleine Dinge, die dich begeistern. Eins ist sicher, wenn du ganz ehrlich zu dir selbst bist, dann kannst du auch das machen, was du wirklich willst. Diese halben Sachen funktionieren nicht, das ist logisch. Es geht hier um das, was dich begeistert, was dich lebendig fühlen lässt, nur bei dem Gedanken daran.

Du warst mal begeistert und bist fürchterlich gescheitert und jetzt hast du beschlossen „nein, begeistern lass ich mich nie mehr"? Der Funke ist erloschen? Hast du ihn denn am Brennen gehalten?

Ich singe gern, doch ich kann keine Noten lesen, die Melodie allein nicht halten und schon im Schulchor hieß es „du singst schief“. Wir sangen viel zu Hause, auch im Kanon, doch da flog ich immer raus – zwei-, drei- oder vierstimmig ging für mich nicht. So sang ich immer für mich, wenn mir danach zumute war. Vor 8 Jahren fasste ich mir ein Herz und suchte mir einen Chor. Das was ich konnte bzw. nicht konnte war unveränderlich, doch die Freude am Singen war da. Durch veränderte Lebensumstände verließ ich den Chor. Doch die Begeisterung ließ mich immer noch nicht ganz los, auch wenn ich es zwischendurch mit Gesangsunterricht probiert habe, was für mich schrecklich war. So machte ich mich erneut auf die Suche nach einem Chor und fand ihn auch. Nun kann ich meine Begeisterung Woche für Woche leben – auch im Bewusstsein dessen was ich kann oder eben nicht. Dieser Begeisterungsfunke war immer in mir vorhanden, auch wenn er manchmal fast erloschen war.

Schau ganz ehrlich zu dir hin. Ist er wirklich erloschen oder glimmt er noch ein wenig, fast nicht sicht- und fühlbar? Na, dann bring ihn wieder zum Brennen! Aber vielleicht ist es auch gut, dass dieser Funke dabei ist zu erlöschen, denn so kannst du einen neuen finden, der dich jetzt mehr Begeisterung fühlen lässt.

- Wofür kannst du dich begeistern, wobei fühlst du dich lebendig und ganz in dir ruhend, was bringt dich zum Strahlen?

Spielaufgabe

- Mach dir das, wofür du dich begeisterst, bewusst – fühle es in aller Freude!

Und lässt du es zu? Oder sagt dein Verstand „so ein Quatsch", negierst du es gleich wieder? Anstatt dich diesem Strahlen hinzugeben, dich daran zu erfreuen, egal was es ist, egal was dein Umfeld dazu sagt.

Gewohnheit

Worüber wir immer wieder stolpern und was in seiner Wirkung nicht zu unterschätzen ist, das ist unsere Gewohnheit. Sie gibt uns Sicherheit auf der einen Seite, engt aber auch ein. Sie schafft auch Freiräume, weil wir nicht jedes Mal neu überlegen müssen, „Welchen Weg gehe ich? ... Wo ist der Bäcker? ... Wo ist die Bushaltestelle?". Sie kann sehr hartnäckig sein und manchmal hat sie uns genau dann am Wickel, wenn wir denken „ja, jetzt ist es geschafft" oder wir gar nicht mehr daran denken und plötzlich erleben wir, wie wir in alter Gewohnheit reagieren. Es gibt auch viele Gewohnheiten, die uns guttun, z. B. beten, jeden Tag spazieren zu gehen usw. Es geht also darum abzuwägen, welche Gewohnheit tut uns gut und welche nicht?

Beispiel: Über viele Jahre hast du den gleichen Arbeitsweg, dann wird eine Straße für längere Zeit gesperrt. Die erste Zeit denkst du noch daran, die neue Strecke zu fahren. Doch es ist dir bestimmt auch schon so gegangen, dass du ganz in Gedanken versunken, den alten Weg eingeschlagen hast.

Spielaufgabe

- Gehe, wenn du aus dem Haus gehst, auf die Straßenseite, auf der du sonst nicht gehst und beobachte was dabei passiert. Wenn du magst, wiederhole es immer mal wieder.

Das ist sicher nicht nur im äußerlichen Leben so, sondern viel schwieriger in unserem Innenleben. Denn wie oft nehmen wir uns etwas vor, machen uns auf den Weg, er fühlt sich noch etwas ungewohnt, jedoch gut an, irgendwann kommt dann der Punkt, bei dem wir wieder ins alte Verhalten zurückfallen. Das ist erst einmal nicht schlimm und darf auch passieren. Nur oft machen wir uns dafür dann schlecht und uns schießen Gedanken in den Kopf wie „ja, wusste ich es doch gleich, dass es nicht geht ... kann ich eh nicht ... jetzt habe ich doch so sehr geübt und zack bin ich wieder im alten Muster, also lasse ich es doch gleich sein".

Vor einiger Zeit hatte eine Freundin eine Ausstellungseröffnung. Wir fuhren etwa 300 km und wussten, dass sie wenig Zeit für uns hat. Wir warteten geduldig, denn es war ausgemacht, dass sie nach der Schließung noch etwa eine halbe Stunde Zeit für uns haben wird. Kaum saßen wir bei einer Tasse Tee, klopfte es ans Fenster und irgendeine fremde Frau wollte noch etwas, obwohl schon geschlossen war. Gut, wir warteten – warteten 5 Minuten, 10 Minuten, 15 Minuten – dann wurde ich richtig sauer und überlegte, wie ich jetzt für mich sorgen kann, ohne die Freundschaft aufs Spiel zu setzen. So entschlossen wir uns zu gehen. Sie merkte sofort, dass wir richtig sauer waren, konnte es aber an diesem Abend nicht mehr lösen. Für mich war es in Ordnung, denn ich hatte Mut gehabt zu mir zu stehen und eine Grenze zu setzen und nicht meiner Gewohnheit nachgegeben, Verständnis zu haben und darüber mich zu vergessen. Wir telefonierten ein paar Tage später und sie sagte, dass sie eigentlich gedacht habe, dieses Gefühl und das Handeln, es allen recht machen zu wollen, geändert hätte und meistens sei es ihr nun auch gelungen, nur da eben nicht und es täte ihr sehr leid. Für mich war es schon in dem Moment in Ordnung, an dem ich merkte, dass sie meinen Zorn spürt und ernst nimmt.

Das sind diese Augenblicke im Leben, die wie eine Prüfung sein können und wir nur dann durchfallen, wenn wir wieder unreflektiert und ohne Nachdenken in die alte Gewohnheit zurückfallen oder aufgeben und uns sagen, „ach, ich kann ja eh nichts ändern". Mach dir bewusst, dass diese Gedanken nicht stimmen und überlege, was du alles bereits geändert hast und wie sich das anfühlt. Du kannst dir auch auf die Schulter klopfen und sagen „ja, 23-mal ist es mir gelungen, es anders zu machen, das 24. Mal nicht, das 25. Mal wird es mir aber wieder gelingen".

Vor allem steht uns unser gewohnheitsmäßiges Denken oft im Weg, es ist eher ein „es denkt in uns". Nicht ein „ich denke". Beobachte dich selbst einmal. Welche Gewohnheiten denkst du, denkt es in dir? Von „ich muss schon wieder, ... ich habe immer, ... warum passiert mir das, ... der andere sollte, müsste, könnte ... wenn der andere nur, ... dann... ich habe keine Zeit ...".

- Was fällt dir noch ein, was du gewohnheitsmäßig denkst?
- Wie oft denkst du so am Tag und hat sich dadurch schon irgendetwas verändert?
- Helfen dir diese Gedanken dabei, dass es dir gut geht und du dich glücklich fühlst?

Ja, dann ist alles in Ordnung.

Doch, wenn du merkst, ich komme so nicht weiter, was hindert dich daran, mal spielerisch auszuprobieren, etwas anderes zu denken?

Es gibt im Leben Situationen, die gewiss nicht einfach sind, doch ich kann sie mir mit meinem gewohnheitsmäßigen Denken noch schwerer machen. Wenn ich das will, weil ich denke, ich habe ein Recht darauf, muffelig, genervt, gekränkt, sauer oder bissig zu sein, dann sei es so! Doch hilft dir das wirklich dabei, dich gut zu fühlen?

Hilft es dir, wenn eine Beziehung zu Ende ist, dich immer wieder zu fragen, „warum"? Oder du hast in deiner Arbeit Schwierigkeiten, hilft es dir, dich zu fragen, „warum passiert mir das gerade"? Es geht hier nicht um eine Bestandsaufnahme. Natürlich ist es sinnvoll, sich das auch zu fragen und wenn es dafür gute Antworten gibt, prima, damit kannst du dann auch weitergehen. Ich meine wirklich das Gedankenkarussell oder die immer gleiche Leier, die jedoch nichts verändert oder bewegt und mich nur frustriert sein lässt. Das Gedankenkarussell kreist meistens um Gedanken wie „warum gerade ich, ... warum passiert mir das" usw. Doch bringt dir das Frieden, bringt dir das eine Lösung? Könntest du deinem Gehirn nicht intelligentere Fragen stellen? Dieses Gedankenkarussell bindet viel Energie und verändert nichts.

- Welche Gedanken denkst du oft? Wenn du dir einen Gedanken bewusst machst, frage dich ganz kurz, stimmt das wirklich? Oder kann es auch ganz anders sein?

Wir rennen gedanklich doch so oft gegen eine Wand, das Einzige was wir dadurch erreichen ist nichts, gar nichts.

- Wie steht es um das kleine Wörtchen „ich muss“? Wie oft denkst du das?

Spielaufgabe

- Was musst du? Zähle alles auf, was dir einfällt.

Und nun frage dich: Was von den Dingen, die du aufgeschrieben hast, musst du wirklich tun?

Und wer sagt das, dass du das tun musst? Und was geschieht, wenn du es nicht tust? Welche lebensbedrohlichen Konsequenzen hat es für mich, wenn ich das, was ich meine zu müssen, nicht tue?

Wie fühlt sich der Unterschied an, von „ich muss“, zu „ich kann“, „ich darf“, „ich will“, „ich möchte“?

Ein Experiment, das du machen kannst, wenn du willst:

Immer wenn es in dir denkt „ich muss“ oder du selbst denkst „ich muss“, halte inne und überlege, ob das so stimmt. Oder gibt es dafür auch ein „ich kann, ich will, ich möchte“? Und was verändert sich im Laufe der Zeit?

Manchmal hindert uns auch eine Angst daran, unsere Gedanken zu hinterfragen und zu ändern, denn die Konsequenz daraus ist, dass sich wirklich etwas verändert und genau diese Veränderung kann große Angst machen.

Die Gewohnheit ist eben einfach das, was wir gewohnt sind, das, was wir kennen. Verändern wir eine Gewohnheit, wissen wir nicht so genau, was dann passiert, das verunsichert uns und kann auch Angst machen.

Wie gehst du mit dir selbst um?

Oft gehen wir mit uns in Gedanken so um, als seien wir unser ärgster Feind. Wir werten uns ab, wir schimpfen mit uns, verurteilen uns, sind ungeduldig mit uns, finden uns hässlich, schlecht und sowieso der letzte Mensch, der hier auf der Erde wandelt. Was würde denn passieren, wenn du nur für einen kurzen Augenblick, dich einmal so behandelst, wie den Menschen, den du besonders magst? Gehst du so mit deinem Partner, deiner Freundin oder deinem Arbeitskollegen um? Bist du so gemein und hart diesen Menschen gegenüber? Ich glaube nicht. Beginne für einen kurzen Augenblick, dich selbst so zu behandeln, wie du mit den Menschen deiner nächsten Umgebung umgehen würdest. Was geschieht dann in deinen Gedanken und Gefühlen? Was passiert, wenn du freundlicher mit dir umgehst? Erhebt sich eine Stimme in dir, die sagt, „das hast du nicht verdient“? Oder ist ein Aufatmen zu spüren, ein ganz kleines „oh, das fühlt sich gut an“?

Spielaufgabe

Versuche heute mal aufmerksam dafür zu sein, was du alles so an wenig Positivem über dich denkst. Was geschieht, wenn du es bemerkst und dann einen stärkenden Gedanken dazustellst? Spüre nach, was sich für dich dadurch verändert. Du kannst die Übung immer dann machen, wenn sie dir einfällt. Manchmal fällt es leichter, sich dabei zu überlegen, wie liebevoll du mit dem Menschen, dem du dich am meisten verbunden fühlst, umgehst.

Und noch eine etwas andere Spielaufgabe. Schau welche dir mehr liegt; natürlich kannst du auch beide machen.

Spielaufgabe

Wenn du das nächste Mal unterwegs bist und du deine Mitmenschen beobachtest, dann werde dir für einen Augenblick bewusst, was du gerade über sie denkst. Halte kurz inne und überlege, wann du so auch über dich denkst. Spüre nach, was das mit deinen Gefühlen macht.

Mut

- Was ist Mut für dich?

- Was bedeutet er dir?

Ich denke, dass das sehr individuell ist und wofür der eine Mut braucht, denkt der andere „das geht doch ganz leicht".

Mich hat es lange Zeit viel Mut gekostet, Freunde um Hilfe zu bitten, denn die Angst vor folgender Ablehnung oder nicht ernst genommen zu werden, war sehr groß. Auch jetzt noch wäge ich innerlich oft ab und frage mich „okay, kannst du mit einem Nein umgehen?". Erst dann entscheide ich mich mutig, um Hilfe zu bitten oder auch nicht. Es geht immer wieder darum, was jetzt für mich stimmig ist. Das kann sehr unterschiedlich sein und ich frage mich auch „will ich jetzt mutig sein oder will ich es heute nicht?". Es geht um ein ganz aufmerksames, ehrliches Wahrnehmen eigener Seelenvorgänge.

Mut ist nicht die Abwesenheit von Angst, sondern sich seiner Angst bewusst zu sein, die Gefahren abzuwägen und dann loszugehen.

Mut ist die Kraft, die du aufbringst, für etwas was dir schwer fällt, oder wenn es mit Ängsten besetzt ist. Aus dieser Haltung: „Ich will das jetzt tun, verändern oder lassen“. Mut ist trotz der Angst, der Bedenken oder das, was das Umfeld denkt, in das Tun zu kommen. Weil du für dich erkannt hast, dass du da etwas anderes möchtest.

Manchmal merkst du gar nicht, wie mutig du bist und wenn es deinem Umfeld auffällt und es dir dann auch noch sagt, wie oft tust du es einfach ab? Doch du kannst es dir durchaus erlauben, dir auf die Schulter zu klopfen und zu sagen „ja, das habe ich geschafft“ und dabei spüren was für ein Gefühl dich überkommt. Freust du dich? Ist es dir peinlich?

Mut ist ein großer Akt der Freiheit, denn ich entscheide mich etwas zu tun oder zu lassen. Für mich ist Mut nicht nur, in eine mündliche Prüfung zu gehen, auch wenn ich Angst habe. Mut bedeutet auch mich in diese Lage gebracht zu haben, dass ich jetzt überhaupt zur mündlichen Prüfung gehe. Also die ganzen Schritte davor sind ebenfalls mutig.

Mut hat viel mit einem inneren Gefühl zu tun, so ist mit dem Rauchen aufzuhören nicht mutig, sondern vernünftig und da sind andere Qualitäten gefragt.

Mut ist auch nicht gleichzusetzen mit Willenskraft, die brauche ich auch dafür, doch sie allein reicht nicht.

Mut brauch ich oft dann, wenn es mit meiner Persönlichkeit zu tun hat.

Mit Anfang 20 war ich in der Situation, dass ich mich nicht getraut habe, in einer Arbeitsrunde oder im Team etwas zu sagen – selbst wenn es mir sehr wichtig war. Ich hatte einfach Angst, ausgelacht zu werden, wie ich das lange in der Schule erlebt habe. Ich wollte mich aber doch einbringen, etwas sagen, auch etwas bewegen. So entschloss ich mich, bei meinem nächsten Seminarbesuch zu üben. Da kannte mich keiner und diese Menschen sah ich auch nie wieder. So saß ich also da, mit klopfendem Herzen und der innerlichen Diskussion: „jetzt sag etwas, ... nein, noch nicht, ... doch es wird Zeit, ... du hast es dir vorgenommen, ... jetzt sag etwas!". Dieser Dialog ging über Stunden, bis ich dachte „jetzt oder nie" – mit zitternden Knien und klopfendem Herzen wagte ich endlich auch etwas zu sagen. Das war der Beginn eines langen Übungsweges, der immer wieder Mut erforderte.

Für den einen bedeutet Mut, dass er über seine Gefühle spricht, für den anderen ist das jedoch vielleicht ganz leicht.

Spielaufgabe

- Was gibt es in deinem Leben, womit du dich in ganz kleinen Schritten im Mutigsein üben kannst?

Dann übe, freu dich über deinen Erfolg und übe weiter.

Ja, ich weiß, üben hört sich so nach Schule an. Doch denke noch mal an die Kinder, die das Laufen lernen, die üben ja auch. Gut, du kannst es auch ausprobieren nennen, immer wieder und immer wieder, doch üben bedeutet beharrlicher dranzubleiben.

Stellen wir uns den kleinen Mutproben im Alltag, so üben wir gleichzeitig für die großen Mutproben, die uns im Leben immer mal wieder begegnen.

Veränderungen

Es geht nicht immer um die großen Dinge, es geht um die kleinen Dinge im Alltag.

Was willst du wirklich verändern und warum? Weil es deine Umwelt sagt oder weil dich eine Stimme antreibt, immer wieder und immer wieder. Doch willst du es wirklich und warum? Was erhoffst du davon? Was wünschst du dir? Was hält dich davon ab zufrieden zu sein mit dem, was du bis jetzt in deinem Leben erreicht hast? Was treibt dich an? Stört es dich oder willst du dich nur anpassen, weil du meinst, dass du dann in der Welt besser bestehen kannst, mehr geachtet und geliebt wirst? Ist das wirklich so? Manchmal dienen wir unseren Mitmenschen als Spiegel, die in dir sehen, was sie an sich nicht mögen. Hast du das Gefühl, du sollst in etwas hereingedrängt werden, was für dich nicht stimmig ist, du aber mit damit gut leben kannst? Dann lebe damit, denn es ist das, was dich ausmacht. Vor allem tue nur die Dinge, die du tun willst, nicht, weil ein anderer meint, dass du das tun solltest. Es sei denn, du hast erkannt, dass es dir damit besser geht und du dich dann wohler fühlst.

Deine Chefin ist blöde, inkompetent, faul, spielt sich auf und du bist viel besser, musst es aber mit ihr aushalten? Wer sagt das? Bist du an sie gebunden? Bist du ihr siamesischer Zwilling? Nein – also!

- Was hindert dich daran, etwas zu verändern?

Das hast du schon oft versucht und es hat nichts genützt? Hast du denn versucht sie zu verändern, weil sie sich nicht so verhält, wie du es willst? Oder hast du etwas anderes getan? Ein neuer Job ist nicht möglich und dir fallen sicher ganz viele Gründe dazu ein? Also steckst du in einem Dilemma! Die Chefin ist schuld, dass es dir nicht gut geht, aber du meinst, dass du nicht gehen kannst. Dann überlege, was du für dich verändern kannst.

- Gibt es etwas, was du an ihr achtest?

Na, sie zahlt ja dein Gehalt und sorgt dafür, dass du Arbeit hast.

- Was fällt dir noch ein?

Viele denken, sie sind im Recht, wenn sie sich über die Vorgesetzten, Freunde, Partner und Kollegen ärgern, weil sie nicht so sind, wie wir es gerne hätten. Ja, das stimmt, doch gehst du deswegen freudiger zur Arbeit, weil du recht hast? Wenn nicht, überlege was du dafür tun kannst, dass du wieder gerne zur Arbeit gehst. Es ist nun mal eine Tatsache, dass wir die anderen nicht verändern können, sondern immer nur uns oder unsere Haltung.

Das ist auch gut so, denn überlege mal, wie es dir geht, wenn an dich immer Erwartungen gestellt werden, erst wenn du so bist, bist du gut, richtig, liebenswert. Damit fühlst du dich auch nicht wohl. Doch wie kommt es, dass wir diese Haltung meistens bei unserem Gegenüber haben?

Vor einigen Jahren hatte ich einen Chef, der sehr cholerisch war und wenn ihm danach war, dann hat er alle Leute angeschrien, sie beschimpft und verbal attackiert; auch vor seiner Frau hat er nicht haltgemacht. Meine damalige Situation war jedoch so, dass ich diese Arbeit tatsächlich gebraucht habe um zu überleben. Doch ich wollte mich nicht anschreien oder anpöbeln lassen, so war meine Lösung, wenn er wieder so cholerisch war, mich aufzurichten, ihm ruhig in die Augen zu schauen und wie ein Mantra zu denken: „Und du brüllst mich nicht an. Du machst mich nicht rund!". Das hat immer wieder geklappt. Dadurch habe ich mir mein Selbstwertgefühl bewahrt und habe mich nicht ganz so ausgeliefert gefühlt. Ich hatte zumindest in dieser Situation die Begegnung im Griff und ich war ihr nicht hilflos ausgeliefert.

Ich kann immer etwas verändern, um die Situation für mich einfacher oder leichter zu machen und ich darf das auch!

Eigene Lösungen finden heißt nicht, alles umzukrempeln und das, was von außen an Anregungen kommt, abzulehnen oder einfach zu übernehmen. Sondern es geht darum, zu prüfen, ob das, was von außen kommt, wirklich deine Lösung ist. Wenn alle Meditation als den Schlüssel für inneren Frieden ansehen, muss das für mich nicht zwangsläufig auch die richtige Lösung sein. Wenn ich dann in der Meditation da sitze, mir überlege „was tu ich da?" und denke „Siehst du, jetzt kannst du nicht einmal das. Allen anderen hilft es! Du bist einfach komisch und blöde!", gilt es herauszufinden was du wirklich brauchst. Suche und finde etwas, wo du aus tiefer Überzeugung sagen kannst: „Ja, das ist meins! Das ist meine Lösung!".

Ich habe über 10 Jahre in Oberbayern gewohnt und wollte schon nach kurzer Zeit wieder weg. Dort war immer nur zu hören „hier ist es so schön" und andere haben mich beneidet. Tja und ich fand es dort nicht schön, die Berge haben mich eingeengt und ich war dort nie zu Hause, was oft auf großes Unverständnis gestoßen ist. Ich kam mir manchmal auch ganz schön undankbar vor, dachte „Mensch, jetzt lebe ich hier in so einer schönen Gegend und bin damit nicht zufrieden". Kam ich in die Nähe von Wasser und Weite, ging mein Herz auf und es fühlte sich ganz lebendig an. Immer wieder machte ich neue Anläufe, bewarb mich außerhalb von Bayern, doch das, was ich machen wollte, diese freien Stellen, gab es nun mal nur in Bayern. Ich hatte auch inzwischen einen Freundeskreis dort. Es wurde doch nun auch mal Zeit zur Ruhe zu kommen, sesshaft zu werden und auch zufrieden zu sein, mit dem was ich habe und nicht solchen Hirngespinsten nachzuhängen. Ich hatte doch alles, was ich brauchte: Arbeit, Freunde, Kultur, sang in einem Chor – einfach alles, was man sich so vorstellt, was man im Leben braucht. Und trotzdem gab es da immer eine Sehnsucht, die nie zur Ruhe kam; die manchmal stärker und mal schwächer da war. So lange bis wir uns entschlossen, am Niederrhein neu anzufangen. Da war die Sehnsucht gestillt und ich habe das Gefühl, endlich zu Hause zu sein. (Gebürtig komme ich aus Baden-Württemberg.) Du siehst also, dass das Finden und Umsetzen einer eigenen Lösung manchmal länger dauert. Es geht einfach um die Aufmerksamkeit für sich und vor allem um das liebevolle und freundliche Umgehen mit sich selbst.

Spielaufgabe

- Was machst du immer gleich?
- Du spürst jedoch, dass dir das nicht guttut. Es geht hier wirklich nur um etwas Kleines. Lass es künftig einfach weg und spüre den Unterschied.
- Fühlt sich das gut an?
- Kannst du, immer wenn du daran denkst, diese Sache weglassen oder anders machen?

Angst

Jeder von uns kennt das Gefühl der Angst. Doch ich bin sicher, dass jeder es etwas anders fühlt und auch bei unterschiedlichen Situationen. Ich habe Angst vor dem Skilaufen. Diejenigen, die das richtig gerne tun, werden mir sagen „was für ein Quatsch, davor brauchst du doch keine Angst zu haben“. Ja, das stimmt, ich brauche sie nicht, die Angst vor dem Skifahren, aber ich habe sie. Das ist erst mal eine Tatsache. Ich kann nun überlegen, ob ich diese Angst ignorieren will, weil ich den anderen zeigen will, dass ich meine Angst besiegen kann oder weil ich Freunde habe, die gerne Skifahren und ich Zeit mit ihnen verbringen will. Also verdränge ich sie, gehe auf die Skier, fahre mutig den Berg hinunter und es geht richtig gut, weil ich einen tollen Skilehrer hatte, auch macht es mir Freude und es fühlt sich toll an, den Berg runterzufahren. So ist alles gelöst: Ich habe mich meiner Angst gestellt und gut ist es.

Es kann aber auch sein, dass sich, wenn ich daran denke, nächstes Jahr wieder mit Freunden Ski zu fahren, ein kleines, kurzes, unangenehmes Gefühl zeigt, das ich aber gut ignorieren kann, denn es ist noch lange hin bis zum nächsten Skifahren und so kommt dieses unangenehme Gefühl immer wieder mal ins Bewusstsein und verschwindet schnell wieder. Kurz vor dem Termin merke ich dann deutlich, dass ich mich nicht freue, dass ich eigentlich viel lieber woanders mit meinen Freunden wäre, aber es wird auch beiseitegeschoben. Vielleicht habe ich ja Glück und ich bekomme einen Magen-Darm-Infekt und kann nicht mit oder ich muss arbeiten oder, oder – dann müsste ich nicht mit und hätte ein gutes Argument. Dann wäre ich daheim, wäre einerseits froh, noch mal davongekommen zu sein, fände es aber traurig, dass ich die Zeit nicht mit meinen Freunden verbringen kann.

Ich kann mir auch überlegen, ob dieses unangenehme Gefühl, das da immer wieder auftaucht, die Angst ist, die sich bemerkbar macht. Nun habe ich die Wahl zu sagen, „gut, ich habe immer noch Angst. Ich trainiere noch mal mit einem Lehrer, setze mich anders mit der Angst auseinander“ oder ich sage, „die Angst ist da und es ist zu mühsam und wenig aussichtsreich gegen sie anzugehen“. Ich komme trotzdem mit, wir haben abends eine schöne Zeit und ich kann zu dieser Angst stehen, die ein Teil von mir ist, aber ich bin dieser Angst nicht ausgeliefert.

Die Angst zeigt sich in unterschiedlichsten Facetten, manchmal klar und deutlich, manchmal sehr versteckt, sodass du sie gar nicht wahrnimmst.

Sie kann sich auch hinter dem Klagen, welche Dinge nicht gehen, verstecken.

- Warum hast du das Gefühl, dass die Dinge nicht gehen?
- Was hast du dafür getan, dass es möglich wird?
- Und warum gehen sie doch nicht?
- Willst du es wirklich und was hindert dich ganz konkret daran es zu tun?

Eine innere Stimme, die dir zuflüstert „ach, das ist doch so schwer“? Oder dein Umfeld, das dir sagt „so was Verrücktes; das scheitert sowieso“?

- Was brauchst du, um es doch zu tun?
- Bist du wirklich davon überzeugt, dass du es verändern willst?

Natürlich ist die Angst auch lebensnotwendig.

Doch es geht eher um diese Art der Angst, die dich fest im Griff hat, die dich daran hindert, das zu tun, was gerade ansteht. Es geht auch nicht darum sie wegzudrängen, sondern sie wahrzunehmen – „ja, ich habe Angst und das ist in Ordnung“. Doch vielleicht will jetzt ein Teil gelöst werden, aber vielleicht auch nur erst wahrgenommen werden.

➢ Wo ist es gut, Angst zu haben?

Das ist völlig in Ordnung, wir haben alle Angst und sie ist nicht nur hinderlich, sie schützt uns auch vor Gefahren und macht uns wach und aufmerksam. Nur wenn uns die Angst so im Griff hält, dass wir ganz von ihr beherrscht sind, dann ist es schwierig. Nur wenn sie uns lähmt, das zu tun, was wir wirklich wollen, hindern wir uns selbst daran uns zu entfalten und uns lebendig zu fühlen.

Spielaufgabe

Sprich mit deiner Angst, gehe in einen Dialog mit ihr, so wie mit einer guten Freundin. Nein, du bist nicht verrückt, wie oft sprichst du in Gedanken mit dir. Also warum nicht auch mit deiner Angst?

- Wo hat dich deine Angst geschützt?

- Wo hast du deine Angst überwunden?

- Welche Angst steht jetzt im Vordergrund und will gesehen und wahrgenommen werden?

- Welche Angst brauchst du nicht mehr?

- Wo verhindert die Angst das zu tun, was du willst?

Manchmal braucht es auch noch etwas Zeit, bis die Antworten in dir gereift sind, dass es wirklich vom Inneren ins Äußere gehen kann. Da ist es dann wichtig, geduldig und freundlich mit sich umzugehen.

Es gibt sicher so eine kleine Alltagsangst, die latent da ist, über die du aber immer erfolgreich hinweggehst oder du versuchst sie zu vermeiden und tust das dann nicht, wovor du Angst hast. Spüre sie, nimm sie war, mache es trotzdem und spüre dann, wie es sich anfühlt.

Klarheit

Um eine eigene Lösung zu finden, brauche ich auch Klarheit. Klarheit darüber was ich will, was mir wichtig ist und was für mich nicht infrage kommt. Oft reicht schon ein klares, bestimmtes, freundliches „Nein“ und die Situation ist geklärt. Doch wir tun uns schwer damit, entweder, weil wir selbst nicht so klar wissen, was wir wollen oder wir denken „das darf ich so nicht und wenn muss ich mich erklären“, dadurch verliert dieses „nein“ aber seine Kraft.

Du hast dir vorgenommen auf der Party keinen Alkohol zu trinken, weil du mit dem Auto unterwegs bist. Nun bleibt es nicht aus, dass der eine oder andere dich doch dazu verleiten will. Bleibst du nun klar und bestimmt bei deinem Entschluss oder lässt du dich doch dazu überreden und hast später ein unbestimmt blödes Gefühl?

- Wobei fühlst du dich ganz klar?

- Wo fehlt dir die Klarheit?

- Was kannst du dafür tun um Klarheit zu bekommen?

- Was brauchst du für mehr Klarheit?

Vor Jahren arbeitete ich in einer Reha für Schädel-Hirn-Verletzte. Wir waren auf einem großen Fest, der Alkohol floss in Strömen. Für die Rehabilitanden herrschte Alkoholverbot. Einer wollte sich trotzdem ein Bier kaufen. Ich sagte zu ihm, wenn er das mache, schütte ich ihm das Glas aus. Das hielt ihn nicht ab, sich trotzdem ein Bier zu kaufen, es war nicht gerade billig und viel Geld hatten sie alle nicht. Also stand ich auf, ergriff das Glas und schüttete es ohne ein Wort zu sagen aus. Sicher fiel mir das nicht leicht und ich hatte sehr wohl Schiss. Doch mir war klar, dass es wichtig ist, konsequent zu sein.

Spielaufgabe

Finde eine Situation, bei der du weißt, da ist es wichtig für dich, klar zu sein und zu bleiben. Tue es ruhig, gelassen, ohne Vorwürfe oder

Erklärungen und spüre dann, was geschieht und wie sich der Unterschied anfühlt.

Achtsamkeit

Kennst du das auch? Du stehst vor einer Aufgabe und das Gedankenkarussell dreht sich in Windeseile, du blockierst dich mit Gedanken wie „Hilfe, das kann ich nicht, ... das macht mir Angst, ... wenn ein anderer es macht, ist es viel besser". Die Gedanken sind diffus, ebenso die Gefühle dazu.

Spielaufgabe

Halte einen Augenblick kurz inne – atme tief ein und aus; und noch mal tief einatmen und wieder ausatmen – so wird das Gedankenkarussell kurz gestoppt.

Dann kannst du Schritt für Schritt den Gedanken und Gefühlen nachgehen und spüren, was in dir geschieht. Klar, schnell fängt das Karussell sich wieder an zu drehen, das Gute ist aber, du hast es in der Hand und kannst es stoppen. Auch wenn es immer wieder vermeintlich von selbst anfängt, sich zu drehen – einatmen und ausatmen. Du bemerkst sicher recht schnell, dass sich etwas in deinen Gedanken beruhigt und zur Ruhe kommt, dass vielleicht sogar das diffuse Angstgefühl verschwindet und sich etwas klärt.

Das Denken übertönt oft die Gefühle, es können aber auch die Gedanken sein, die manchmal das Gefühl beruhigen können, indem ich ganz genau und bewusst Schritt für Schritt anfange zu denken. Das machen wir unbewusst ja auch oft, wenn es eine Situation gibt, die wir kennen, die schwierig ist, die wir aber trotzdem schon gut gemeistert haben.

Ohne das Denken geht es nicht und ohne das Fühlen geht es ebenfalls nicht, auch wenn wir oft denken, die Gefühle können unberücksichtigt bleiben. Es ist immer wichtig, dass beides berücksichtigt und ins Gleichgewicht gebracht wird, dann entsteht genau die Lösung, die es jetzt braucht und die uns weitergehen lässt.

Wir haben ja unterschiedliche „Stimmen" in uns: Da gibt es die Stimme, die sagt „ach, heute bleiben wir auf der Couch" oder die sagt „jetzt mach schon", so ein innerer Antreiber oder eine Stimme, die sagt „oh, das kannst du doch nicht machen", die etwas schüchtern und zurückhaltend ist oder etwa die, die „das kannst du doch eh nicht" sagt, so ein Schlechtmacher.

- Welche Stimmen findest du noch in deinem Inneren?

Mit diesen inneren Stimmen in Kontakt zu gehen und mit ihnen zu sprechen, wie mit einer guten Freundin, das bringt großen Segen. Denn ich kann mir bewusst werden, was mich bewegt und was noch alles in mir lebt und es sind keineswegs nur die „negativen" Stimmen. Es gibt auch die kraft- und freudvolle, die sagt „Hurra, das machen wir jetzt!" –

diese fallen uns nur nicht so sehr auf. Es sind eher die Stimmen, die uns erst mal vermeintlich lähmen, die es zu bekämpfen gilt und ich glaube, dass das der falsche Weg ist. So kann ich z. B. mit meiner Angst ins Gespräch kommen, indem ich sie frage, warum sie meint, mich in dieser Situation beschützen zu müssen. Wenn du dir lauschst, wirst du sicher eine Antwort finden. Prüfe nun genau nach, ob das in dieser Situation einen Sinn ergibt. Wenn ja, dann sei ihr dankbar für ihre Aufmerksamkeit. Ist sie einfach da, weil sie mal wieder gesehen werden will, dann sag ihr: „Okay, ich nehme dich wahr, hallo da bist du. Ich weiß, du willst mich beschützen, doch schau, in dieser Situation kann ich ohne dich für mich sorgen, vertrau darauf." Wenn deine Angst dann mit „Ja, aber" kommt, dann zähle auf, was du alles bereits gemeistert hast und sie wird dir recht geben. So kannst du für deine Angst vertrauensbildende Maßnahmen ergreifen.

Verantwortungsbewusstsein

Übernimmst du für das, was du fühlst die Verantwortung? Oder denkst und sagst du „nein, der hat mich verletzt, der ist schuld, dass es mir so schlecht geht“? Und hilft dir das, fühlst du dich dann besser? Es ist genauso, als mache ich meine Lieblingsschokolade dafür verantwortlich, dass ich mich mal wieder dazu habe hinreißen lassen, sie ganz zu essen und nun Bauchweh habe und mir übel ist. Was würde passieren, wenn du die Verantwortung übernimmst? „Ja, der andere hat mich verletzt, ja, der andere hat etwas getan, dass es mir schlecht geht“, und was kann ich jetzt dafür tun, dass es mir besser geht?

- Wo übernehme ich Verantwortung?
- Wann gebe ich Verantwortung ab?
- Wo finde ich es richtig, dass der andere die Verantwortung hat?
- Wann übernehme ich Verantwortung, die nicht die meine ist?

Vor einigen Jahren hatte ich eine sehr gute Freundin. Sie hatte die Angewohnheit häufig zu spät zu kommen oder gar nicht zu kommen. So hatte ich mir angewöhnt mich auf das Treffen nicht mehr zu freuen, ich konnte ja nie sicher sein, dass es auch stattfindet. Das ging über Jahre so. Natürlich redeten wir darüber und sie versprach immer wieder Besserung, und ich glaubte ihr. Ich mochte sie sehr und sie war zu dieser Zeit auch die einzige Konstante in meinem Leben. Doch im Laufe der Zeit ist mir auch klar geworden, dass ich nicht so mit mir umgehen lassen will. Ich war sehr zornig und sagte ihr bei einen Telefonat, bei dem sie wieder aus fadenscheinigen Gründen abgesagt hat, dass es jetzt reicht, ich so nicht mit mir umgehen lasse und die Freundschaft nun beendet ist. Ab diesem Zeitpunkt war sie pünktlich und wenn wir eine Verabredung hatten, war sie da. Mir war schon klar, dass auch das Ende der Freundschaft möglich gewesen wäre, doch dieses Risiko ging ich ein.

Oft ist es so, dass wir uns erst, wenn wir uns wirklich in einer Krise befinden, auf den Weg machen, um nach einer Lösung zu suchen. Vielleicht sind wir dann erst bereit, etwas zu verändern oder uns mit uns selbst zu beschäftigen. Was schade ist, denn in den Zeiten, in denen es uns gut geht, ist viel mehr Kraft und Raum für Veränderungen da. Beim Sport trainiere ich regelmäßig, baue Muskeln, Kraft und Ausdauer auf. Kommt es nun zum Wettbewerb oder Kampf, bin ich gut gerüstet. Wer würde untrainiert in den Kampf gehen und sich hinterher wundern, wie groß der Muskelkater ist und dass man völlig geschafft ist?

Mit unserer Seele gehen wir oft so um, die schmeißen wir ins kalte Wasser, verlangen Höchstleistungen von ihr und wundern uns dann, warum es so weh tut. Anstatt auch sie zu trainieren, seelische Muskeln zu bilden und wenn es zum Kampf kommt, gut gerüstet zu sein.

Für mich war es immer selbstverständlich, wenn ich Gast irgendwo war, mitzuhelfen, sei es beim Tischdecken, Abwaschen, Kochen usw. Dadurch holte ich mir Anerkennung, Aufmerksamkeit, Lob und Beachtung. Ich tat das alles auch, wenn ich keine Lust dazu hatte, weil ich dachte „da kann ich jetzt nicht nein sagen, sonst werde ich nicht mehr geliebt“. Und ich war gut darin aufmerksam zu sein, wann praktische Hilfe nötig war und konnte richtig viel arbeiten. Vor ein paar Jahren kam dann das Gefühl: „Will ich das wirklich und hängt davon tatsächlich mein Selbstbewusstsein ab? Ist es denn nicht schöner, einfach weil ich bin, wie ich bin, angenommen zu werden? Muss ich immer etwas dafür tun, um beachtet zu werden?".

Zu dieser Zeit begann ich eine anderthalbjährige Weiterbildung, die auch so konzipiert war, dass wir uns teilweise selbst versorgten, indem wir für Frühstück, Abendbrot und Kücheaufräumen zuständig waren.

Hier begann mein Seelenmuskeltrainingsprogramm mit dem Thema: Ich achte darauf, ob ich Lust habe zu helfen oder nicht. Es war für mich harte Arbeit, nicht immer sofort aufzuspringen und „ich mach das schon" zu rufen. Da ja die Angst immer sehr groß war, nicht mehr gemocht zu werden, wenn ich bestimmte Dinge mache oder unterlasse. Dabei konnte ich mir auch ein Beispiel an Kollegen nehmen, die scheinbar mit dem Neinsagen keine Probleme hatten. So trainierte ich immer und stellte mir zur Unterstützung folgende Fragen: Warum will ich das jetzt machen? Hast du Lust dazu? Was meinst du, was passiert, wenn du „nein" sagst – hältst du das jetzt aus? Es war manchmal richtig schwierig für mich, nicht gleich „ich mach das schon" zu rufen.

Mit den Jahren erweiterte ich dieses Trainingsprogramm auch auf andere Situationen aus, sodass ich mich heute meistens entspannt fragen kann „hast du Lust zu helfen oder nicht?". Und der Beweis für mich, dass ich da nun einen gut ausgebildeten Seelenmuskel habe, war neulich die Frage einer Freundin, ob ich nicht Lust hätte, ihr beim Einpflanzen von 1500 Krokussen zu helfen und ich sagen konnte: „nein, habe ich nicht". Das hat sich für mich richtig gut angefühlt, denn Gartenarbeit ist mir ein Greul. Doch vor ein paar Jahren hätte ich sicher gesagt: „ja, wenn du Hilfe brauchst, mache ich das", auch wenn ich keine Freude daran gehabt hätte. Dadurch hätte ich mir keine Freude gemacht und meiner Freundin auch nicht. Die Gefahr wäre groß gewesen, dass wir uns gestritten hätten und die Krise wäre da gewesen.

Wir brauchen auch für unsere eigenen Lösungen unsere Mitmenschen, nicht im Sinne, dass sie uns kluge Ratschläge geben müssen, sondern indem sie uns zuhören. Wir wachsen nur an unserer Umwelt, weil wir uns an ihr reiben, wir brauchen die anderen Menschen, ob wir wollen oder nicht. Stelle dir mal sehr konkret vor, wie das ist, wenn du nur mit dir beschäftigt bist, keine anderen Menschen da sind, du alles was du brauchst selbst machen musst, schon daran scheitern wir. Wir brauchen die Nähe der Menschen, das Gespräch, egal in welcher Form.

Die eigene Lösung finden, kann manches Mal ein jahrelanger Prozess sein oder auch ganz schnell gehen, wie bei dem Beispiel „mag ich heute Pizza oder Hamburger?".

Eine wichtige Frage ist, wie ich mit Verletzungen umgehe. Oft sind die äußeren schnell verheilt, doch die inneren bleiben, weil ich daran festhalte. Stell dir doch dann mal die Frage, warum du daran festhältst? Und frage dich, ob das Festhalten gut für dich ist? Beschwingt dich das, macht dir das das Leben leicht und froh? Wenn das so ist, dann ist das in Ordnung.

Doch wenn die Verletzung immer wieder pikst und wehtut, dann hab Geduld mit dir und schau sie an. Es kann jedoch auch sein, dass du aus Gewohnheit daran festhältst. Vielleicht ist sie lange auch ein Freund gewesen, doch manchmal begleiten uns Freunde auch nur eine Weile und können sich dann verabschieden.

Ich kann dir immer nur Beispiele geben, denken, fühlen und deine Lösung finden, ist deine Aufgabe. Ich kann das gar nicht, denn ich stecke nicht in deinem Leben. Deswegen gibt es nur eigene Lösungen, auch wenn der andere es vermeintlich genauso macht wie du, hat er doch sicher ganz andere Gedanken, warum er es so macht.

Doch verweilen wir etwas bei den Vergleichen: Suche dir einen Menschen, den du gut kennst aus und vergleiche dich mit ihm. Wie hat er sein Leben gelebt? Was hat ihn angetrieben? Was kann er besonders gut? Ist es wirklich so wie du denkst? (Du kannst ihn auch fragen.) Würde das, was er so toll macht, dich wirklich glücklich machen? Ich denke nein, denn jeder von uns ist anders und deswegen kannst du nur deinen Weg für dich finden.

Viele Menschen gehen spazieren. Doch weißt du, warum sie das tun? Es gibt viele mögliche Gründe dafür: Weil sie Freude daran haben, weil es gesund ist, weil der Hund raus muss oder weil Bewegung gerade wichtig ist. Von außen betrachtet tun alle das Gleiche, doch was sie dazu bewegt hat und warum sie es tun, ist unterschiedlich.

Ich finde es ganz schlimm, wenn mir nach Jahren ein Bekannter begegnet und mir sagt, du hast dich ja gar nicht verändert, das heißt doch „oh, ich stand all die Jahre still, es gab keine Entwicklung, ich bin erstarrt“, das ist ein echter Albtraum für mich.

Wir finden täglich Lösungen für uns, also sind wir das auch gewohnt, konnen es und sind darin auch geübt. Nun geht es darum, Lösungen zu finden, die ungewöhnlich sind, weil sie unser Leben leichter, entspannter oder einfacher machen, auch wenn das auf den ersten Blick nicht so aussehen mag.

- Was schätzt du an dir besonders?

Jetzt denkst du vielleicht „ja, nichts, deswegen brauch ich doch eine Lösung“. Oder fällt dir ganz viel dazu ein?

Und wieder geht es um die kleinen Dinge.

Oder mach es umgekehrt: Kannst du ganz sicher sein, dass es wirklich nichts gibt, was an dir schätzens- und liebenswert ist? Und bist du dir ganz sicher, dass es so ist? Woran machst du das fest? Welche Beweise kannst du finden? Klar, findest du die, doch wage auch einmal den Gedanken, in die andere Richtung. Wo kannst du Beweise dafür finden, dass auch du etwas hast, was schätzenswert ist?

Auch ein Mörder kann etwas haben, was ich schätze und sei es der Gedanke daran, es nicht so machen zu wollen, also damit auch einen Veränderungsprozess in die Wege zu leiten. Oder denke an einen Menschen, den du nur schrecklich findest und doch gibt es da etwas, was schätzenswert ist. Denn er kann dich aufwecken, er kann dir zeigen „so möchte ich nicht sein“ und dich dadurch auffordern, dir zu überlegen, wie du sein willst. Dafür dienen uns auch die Menschen, ja sie dienen uns, so wie wir ihnen dienen – bewusst oder unbewusst.

Wie wäre es mit „ja, ich habe bis jetzt gelebt“? Ich meine es ganz ernst, denn dafür hast du sicher etwas getan, das ist doch etwas, was es zu schätzen gilt. Nein? Warum nicht? Ja, ich weiß, „jeder ist ersetzbar“ – was für ein grandioser Irrtum!

Als Arbeitskraft eventuell, doch auch das stimmt nicht, denn so wie du, macht keiner die Arbeit. Wenn du an Freunde oder Kollegen denkst, die nicht mehr in deinem Umfeld sind, so hast du neue Kollegen oder

Freunde. Doch die Ehemaligen haben es auf ihre Weise gemacht, nur sie können es so tun. So kann ich eine Kollegin sehr gerne haben, die geht und es kommt eine Neue, ja sie macht die Arbeit auch und ich mag sie auch. Trotzdem vermisse ich die andere in ihrem Wesen, weil sie ist, wie sie ist. Es kann ein Wesenszug sein, eine Geste, eine Art, was auch immer, und das ist nicht ersetzbar.

Wenn eine Glühbirne kaputtgeht, ist sie ersetzbar, aber schon bei einem Kleidungsstück, kann es schwierig werden – denn was habe ich zum Beispiel mit meiner Lieblingsjeans alles erlebt. Jetzt ist sie ganz zerschlissen und ich kann sie wirklich nicht mehr anziehen. Also gehe ich eine neue kaufen, genau die gleiche. Doch sie ersetzt mir meine Lieblingsjeans nicht, denn mit ihr verbinde ich andere Erlebnisse, obwohl ich sie anziehe und mich auch freue. Doch sie ist nicht dieselbe Hose, nur die gleiche.

Geduld

Bist du ein Mensch, der generell eher geduldig oder ungeduldig ist? Kannst du für dich Geduld aufbringen oder hast du den Anspruch, dass dir alles sofort gelingen muss? Geduldig zu sein erfordert Vertrauen, Wachheit, Mut und Achtsamkeit. Vor allem, wenn es um eigene innere Prozesse geht. Ich habe mit mir weniger Geduld, als mit meinen Mitmenschen, das mag auch daran liegen, dass der Prozess etwas Vages, oft Unkonkretes ist und ich mit dieser vermeintlichen Unsicherheit weniger gut umgehen kann. Doch meine Erfahrung zeigt mir immer wieder, wie wichtig es ist, geduldig zu sein, mit Wachheit und Klarheit zu reagieren, wenn es Zeit ist. Das ist am besten dann zu merken, wenn es fließt und ganz leicht geht. Dann war der Prozess vorher wichtig, auch wenn ich manchmal ganz ungeduldig dabei bin.

Mit Anfang 30 war für mich klar, dass ich noch einmal eine Ausbildung machen will, denn nur Krankenpflegehelferin war mir zu wenig. Ich hatte zwar eine Arbeit, die mir Freude machte, doch war mir auch klar, dass ich die nicht bis zur Rente machen wollte. So begann ich mir zu überlegen, was ich will, was mich begeistert, was gut ist und was ich kann. Diese Überlegungen und Gedanken dauerten über 4 Jahre, waren mal präsenter, mal weniger präsent. Ich recherchierte im Internet, fand auch das eine oder andere, was ich auf den ersten Blick interessant und spannend fand, doch bei genauerer Überprüfung merkte ich schnell, „nein, das ist noch nicht das Richtige". Natürlich dachte ich zwischendurch, „jetzt muss ich doch endlich mal eine Entscheidung fällen, jetzt muss ich doch endlich wissen, was ich will, denn ich werde ja auch nicht jünger". Doch irgendwie war da noch nicht das Richtige dabei, was mich begeisterte und wo ich ein klares „Ja, das mach ich jetzt“ spürte. Irgendwann kam dann der Gedanke: „Ich werde Kinderkrankenschwester!“. Dann ging alles schnell, ich suchte mir ein paar Schulen aus, bewarb mich und bekam trotz meiner 35 Jahre einen Ausbildungsplatz.

Es erforderte viel Geduld und auch Ehrlichkeit, nicht irgendwelche Scheinlösungen einzugehen oder einfach irgendetwas zu tun, um dieses Gefühl „ich will etwas Neues beginnen, weiß aber noch nicht was“ nicht mehr zu spüren. Oft wird auch vom Umfeld danach gefragt wie es aussieht und wann es weitergeht. Um genau diesen Druck nicht zu spüren, spreche ich selten über diese inneren Prozesse.

Spielaufgabe

- In welcher Situation spürst du deine Ungeduld? Atme ein paar Mal einfach nur bewusst ein und aus und nimm wahr, ob es jetzt darum geht, der Geduld oder der Ungeduld zu folgen.

Eigene Lösungen in der Partnerschaft und Freundschaft finden

Wie oft meinen wir, wenn sich der oder das verändert, geht es mir besser. Das ist eine echte Falle! Warum, fragst du dich? „Es ist doch so, wenn mein Partner dies oder jenes macht, geht's mir besser." Ja, kurzfristig schon, zumindest manchmal.

Was löst der Satz „das habe ich nur für dich getan" in dir aus? Warum hat es jemand verlangt von dir? Wurde dir die Pistole auf die Brust gesetzt und gesagt „das musst du für mich tun, sonst stirbst du"? Wenn das so ist, dann rette dich vor diesem Menschen, ansonsten zählt das Argument nicht. Denn wer immer meint, etwas nur für den anderen zu tun und dafür auch noch irgendetwas zu erwarten, ist auf dem Holzweg und macht sich und den Gegenüber langfristig unglücklich. (Meldet sich jetzt ganz laut deine „Ja, aber"-Stimme?)

Eine gute Freundin hat immer mal wieder für mich gekocht, ohne dass ich das erwartet, verlangt oder gefordert habe. Nun war es mit ihren Kochkünsten nicht so gut bestellt und ich sagte ihr, dass ich mich sehr über die Geste freue, doch das Essen leider nicht mag. Lange habe ich mir diese oder ähnliche Sätze angehört: „das habe ich doch extra nur für dich gemacht und nun schmeckt es dir nicht". Das war für die Freundschaft nicht sehr förderlich.

Ich hätte es auch verschweigen können, doch wie oft hätte ich mich dann mit dem Essen quälen müssen oder immer neue Ausreden finden müssen, warum ich jetzt nicht zum Essen komme. In diesem Fall war die Wahrheit für mich das kleinere Übel.

Was tut man den armen Kinderseelen (ja auch deiner) mit dem Satz „das habe ich nur für dich getan“ an. Welch große Verantwortung schiebt man ihnen zu, die sie überhaupt nicht übernehmen können. Wie egoistisch und das alles unter dem Mantel der Liebe und Fürsorge. Außerdem stimmt das auch gar nicht, denn erst einmal hat der Mensch es für sich getan, aus welchen Gründen auch immer.

Spielaufgabe

- Wann hast du das letzte Mal diesen Satz „das habe ich nur für dich getan“ gehört und was war dein Gefühl dabei?
- Wie oft sagst du diesen Satz selbst?
- Und, stimmt er wirklich?

Du tust es doch auch immer für dich, sei es um eine gute Mutter, Vater, Partnerin oder Freund zu sein, oder der Umwelt zu entsprechen. Sei es, weil du durch dein Tun geliebt oder geachtet werden willst. Also tust du es nicht nur für den anderen, sondern immer auch für dich, weil du dir etwas erhoffst oder wünschst. Das ist völlig in Ordnung, weil wir Menschen einfach so sind, aber sei dir dessen bewusst und übernehme die Verantwortung für deine Taten und gebe diese nicht an andere ab.

Das heißt nicht, dass wir alle Egoisten sind und im Unterbewussten immer nur das tun, was wir auch tun wollen; doch wenn ich jemandem zur Seite stehe, dann kann das viele Gründe haben, die auch gut und richtig sind. Es sind aber die eigenen Gründe und haben mit meinem

Gegenüber nur wenig zu tun, dass sollte uns klar sein, das ist auch in Ordnung. Dann brauche ich den anderen damit nicht zu gängeln oder unter Druck zu setzen.

Wenn ich spüre, dass eine Freundin Hilfe braucht, dann kann ich ihr die Hilfe anbieten. Doch biete ich ihr die Hilfe an, weil ich das Bild in mir habe, dass sich Freunde natürlich unterstützen und ich auch sehr froh bin, wenn ich im Gegenzug Unterstützung bekomme. Ich bekomme vielleicht auch etwas zurück, was ich mir wünsche und erhoffe, doch ich kann ihr nicht vorwerfen, dass ich das nur für sie getan habe, weil das nicht stimmt. Ich wäge ab, bewusst oder unbewusst, aus dem was meine Überzeugung ist, wie und ob ich sie unterstütze. Natürlich ist es im Leben immer ein Geben und Nehmen, das ist eine Tatsache und auch richtig so, aber ich mache es für mich und den anderen, niemals nur für den anderen – und das ist wichtig zu wissen.

- Was will ich für mich?

- Was ist meine Motivation etwas zu tun?

- Warum entscheide ich mich so?

Ein anderer Mensch würde ganz anders entscheiden. Manchmal tut der Mensch Dinge, weil er meint, dass es die Notwendigkeit ist. Das stimmt, es ist jedoch seine Notwendigkeit, die er spürt, nicht die des Gegenübers. Dadurch kann so etwas wie Freiheit entstehen, dass ich weiß, warum ich das tue und ich mache es nur zum Teil für den anderen.

Wir haben so viele Bilder im Kopf und im Herzen, von den Dingen, die man tut oder lässt. Sie sind so individuell wie wir Menschen. Wenn ich mich für eine bessere Welt einsetzen will, dann mach ich das, weil es mir wichtig ist, weil da meine Talente sind, weil ich weiß, dass es schöner ist, in einer freundlichen Welt zu leben. Ich kämpfe auch dafür, engagiere mich, aber ich mache es nicht nur für die Welt, sondern auch für mich, weil ich daran Freude habe und Selbstbestätigung. So hält es sich die Waage: Ich verbessere die Welt und gleichzeitig mache ich etwas für mich. Darum geht es letztendlich, um die Einsicht, nicht nur etwas für den anderen zu tun. Mit diesen Gedanken kann ich mich auch frei machen, von dem Satz (Das habe ich nur für dich getan!), der ganz tief in vielen von uns steckt, weil wir ihn so oft gehört oder gefühlt haben. Er stimmt so nicht und deshalb können wir uns davon verabschieden. Du musst nicht die Verantwortung für dein Gegenüber auf dir lasten lassen, dass er es nur für dich getan hat, er hat es auch für sich getan, aus welchen Gründen auch immer.

Wann hast du das letzte Mal gesagt: „Dann tu es doch bitte für mich"? Sagst du so etwas überhaupt und wenn ja, warum? Kannst du es nicht selbst tun? Oder willst du es nicht selbst tun? Oder willst du den anderen damit an dich binden? Oder prüfst du damit seine Liebe? Ist es für dich ein Liebesbeweis, wenn der andere etwas nur dir zuliebe tut und du das einforderst?

Was fühlst du bei dem Satz „tu es doch mir zuliebe"? Und was passiert, wenn dein Gegenüber es nicht tut? Ziehst du dich dann zurück und fühlst du dich dann nicht mehr geliebt? Und warum sollte er es denn tun? Warum muss er denn beweisen, dass er dich liebt?

Warum brauchst du das? Sicher gibt es Dinge, die mein Gegenüber besser kann, es geht ihm leichter von der Hand, aber muss ich ihn so unter Druck setzen? Kann ich ihn nicht einfach fragen und bitten? Und was bin ich bereit, als Ausgleich dafür zu tun?

Oder will ich ihm nur zeigen, wie wichtig er mir ist, denn eigentlich kann ich es gut alleine? Gibt es dafür keine andere Möglichkeit?

Und liegt es in meiner Absicht, mein Gegenüber so unter moralischen Druck zu setzen? Kann ja auch sein, denn dadurch kann ich ein wenig Macht leben oder vermeintlich die Kontrolle haben. Was oberflächlich auch richtig ist, denn ich weiß ja nicht, ob er es wirklich tut, und wenn, habe ich dann mein Ego befriedigt oder bin mir sicher, dass er mich liebt, wenn er es doch nur für mich tut? Ist mir der Beweis genug? Und nützt mir so eine Art Beweis, der nur wenig mit eigener Entscheidung meines Gegenübers zu tun hat?

Vielleicht beweist er es mir auf seine ganz eigene Art, nur ich erkenne es nicht, ich verstehe es nicht, weil wir unterschiedliche Sprachen sprechen.

Fühle ich mich nur geliebt, wenn er etwas nur mir zuliebe macht? Vielleicht zeigt er seine Liebe ganz anders?

Ich bin, auch wenn ich mich bemühe, morgens ein Morgenmuffel, der seine Ruhe braucht und noch nicht viel reden kann. Mein Mann steht morgens auf und kann gleich voller Tatendrang in den Tag starten. Abends ist es umgekehrt, er ist früh müde und ich noch hellwach. Nun haben wir verschiedene Möglichkeiten damit umzugehen.

Er fordert mich morgens auf, auch voller Tatendrang zu sein, er will mich verändern und sagt vielleicht noch „Also mir zuliebe kannst du das doch machen. Außerdem ist es doch eh viel besser morgens wach und vergnügt zu sein, geh halt früher ins Bett, dann kommst du morgens auch besser raus". Ja, das kann ich tun, ihm zuliebe, weil man das in einer Partnerschaft ja so macht. Es wird für mich zwar immer schwierig sein, aber ich will ihm doch zeigen, dass ich ihn liebe. Innerlich spüre ich aber, dass es mir nicht guttut und ich da etwas mache, was nicht meinem Wesen entspricht. Weil ich nun für meinen Partner etwas tue, was ich nicht wirklich gerne mache, habe ich das Recht von ihm auch etwas zu erwarten, was er nicht gerne tut. So verlange ich von ihm, dass er abends eben nicht schon so früh ins Bett geht, sondern noch eine Weile mir zuliebe wach bleibt, weil ich morgens ja ihm zuliebe voller Tatendrang bin. Es spielt auch keine Rolle, dass er müde ist und gähnt, das bin ich morgens auch und ich nehme mich doch zusammen, dann kann er das auch tun. Weil so Beziehung ist, oder?

- Welche Situationen fallen dir ein, die du so oder so ähnlich lebst oder gelebt hast?

- Nimm eine, die du verändern willst.

- Warum willst du sie verändern?

- Was kannst du tun, dass sich die Situation verändert?

Dann leg los! Warte nicht, bis der andere etwas tut.

Unsere Lösung ist die, dass ich morgens weiter Morgenmuffel sein darf und mein Mann abends dann ins Bett geht, wenn er müde ist. Ganz wichtig war die Erkenntnis, dass dieses Ändernwollen des anderen, nichts mit Liebe zu tun hat. Seitdem leben wir entspannter miteinander.

Ich glaube, es ist eine der größten Beziehungsfallen, die wir in der Partnerschaft gestellt bekommen, zu erwarten, dass der andere sich, weil er mich doch liebt, verändert – und zwar so, wie ich es will. Ebenso das als Maßstab der Liebe zu nehmen, im Sinne von „wenn er mich liebt, dann macht er das schon“. Bin ich dann auch mal sauer auf ihn, werfe ich ihm selbstverständlich vor, was ich für ihn alles mache.

Eine ganz klassische Situation ist das Bummelngehen. Es gibt wenige Männer, die wirklich Freude daran haben. Warum verlangen wir es nur so oft von ihnen? Haben wir dadurch wirklich mehr Spaß, sind wir entspannter? Wenn nicht, warum verlangst du dann, dass dein Partner mitkommt? Es ist doch für beide nicht wirklich schön, du spürst, er hat keine Lust, er meckert vielleicht noch rum und du kannst nicht in Ruhe schauen und anprobieren. (Ich höre sie schon ganz laut die „Ja, aber“-Stimme.)

- Warum will ich, dass mein Partner mit mir einkaufen geht (oder etwas anderes, was er nicht gerne tut)?

- Was hindert mich daran, es allein oder mit Freunden zu tun?

- Was könnt ihr vereinbaren, dass es für beide eine Lösung gibt, die sich gut anfühlt?

Es kann auch sein, dass ihr einen Deal miteinander habt, er muss mit zum Einkaufen, dafür darf er dann Fußball schauen, ohne dass es Vorwürfe gibt. Macht euch das glücklich und entspannt?

Spüre mal ganz ehrlich nach, wie es dir damit geht, wenn einer dir mal offen, mal versteckter sagt, wie du zu sein hast. Fühlt sich das gut an? Freust du dich darüber? Denkst du „ja, das verändere ich doch gerne"?

Würdest du gerne so behandelt werden, wenn dein Partner dir sagt, wie und was du zu tun hast und nur wenn du es so machst, wie dein Partner sagt, wirst du auch geliebt?

Gehst du so auch mit deinen besten Freunden um?

Woran mag es liegen, dass wir unsere Freunde oft besser so lassen können, wie sie sind, als unsere Liebesbeziehung?

Sicher kann ich mir überlegen, wenn mein Partner gerne etwas anders hätte, ob ich bereit bin, das zu verändern oder eben nicht. Dann habe ich mich bewusst dafür entschieden. Wenn ich etwas verändere, was ich gar nicht will, ist das eine ganz andere Basis.

Wenn ich an einem Ort bin, an dem ich mich nicht auskenne, merke ich mir genau den Weg, um sicher und schnell wieder an den Startpunkt zu gelangen. Ich mag weder Umwege, noch die Unsicherheit, vielleicht nicht mehr schnell zurückzufinden, noch die Zeitverschwendung, die sich aus den Umwegen ergibt. Meinem Mann macht das nichts aus, viermal um den Block zu gehen, manchmal hat er auch Spaß daran. Er hat auch immer den Ausgangspunkt wieder gefunden.

Nun haben wir folgende Möglichkeiten: Ich ermahne ihn immer, „merke dir den Weg, ich will nicht viermal um den Block laufen müssen und du kannst es jetzt doch mal gelernt haben, nicht mehr viermal um den Block zu gehen“. Ich kann mir aber auch selbst den Weg merken und wir kommen auf meine Weise wieder an den Ausgangspunkt zurück. Nörgele ich aber ständig an ihm rum, ist es doch logisch, dass er, wenn ich mal den Umweg gehe, weil ich die Orientierung verloren habe, er schadenfreudig reagiert und die Stimmung im Eimer ist, oder wir haben wieder einen Aufhänger gefunden, um zu streiten. Manchmal kann ich sogar feststellen, dass es nicht schlimm ist, viermal um den Block zu gehen, es kann sogar Freude machen und mich entspannen, wenn ich mich auch mal verlaufe, denn dadurch spüre ich auch, dass ich nicht immer perfekt sein muss.

Ich weiß, dass es schwierig sein kann, den anderen in seinem Wesen und seiner Art so zu lassen, wie er ist. Doch wir wollen alle so behandelt werden.

Natürlich ist es wichtig, auch Kompromisse einzugehen, sie können aber nur richtig funktionieren, wenn beide damit einverstanden sind – wenn es keine faulen Kompromisse sind.

- Wo gehst du Kompromisse ein?
- Wie fühlen sie sich an?
- Welche sollten noch mal überdacht werden?

Es gibt auch Situationen, da ist ein Kompromiss nicht möglich, weil ich mir selbst dadurch nur Schlechtes antue. Das ist der Anfang vom Ende einer Beziehung, die Freude macht, guttut, uns entwickeln lässt und uns glücklich macht.

Ich finde es extrem widerlich einen Kuss zu bekommen, der nach Bier schmeckt. Auch da habe ich die Wahl, entweder ich lasse den Kuss über mich ergehen, ekele mich und geh extrem über meine Grenzen, mit der Aussicht, dass ich mich immer mehr von meinem Mann abwende oder ich sage ganz klar „ich will keinen Bierkuss“. So bin ich standhaft, klar und übernehme Verantwortung für mein Wohlbefinden (da ist sie wieder die „Ja, aber“-Stimme, gell?). Letztendlich ist es doch auch für meinen Mann nicht schön, wenn ich mich ekel und er das spürt. Sicher kann daraus auch ein Machtspiel entstehen: Ich trinke jetzt immer Bier, sodass du irgendwann nachgibst, weil du doch einen Kuss von mir willst und ich räche mich damit für alles, was du mir angetan hast, was du nicht so gemacht hast, wie ich wollte und weil du immer an mir rumnörgelst. Oder ich merke „ja, da habe ich meinen Partner gut im Griff“ und probiere sogar noch andere Dinge aus. Diesmal aber nicht mit dem Hintergrund, dass ich mich schütze, sondern damit ich ihn erziehe. Sind wir ganz ehrlich zu uns, merken wir sehr deutlich, welche Motivation dahinter steckt. Auch spürt es der Partner, bewusst oder unbewusst und wird entsprechend reagieren.

Wenn es regnet, ist es doch völlig klar, dass wir nicht nass werden wollen, weil wir das unangenehm finden. Wir gehen entweder nicht raus oder nur mit Regenjacke oder Schirm. Doch das, was so nah und so intim ist, da dürfen wir uns nicht schützen? Da dürfen wir nicht sagen, „das gefällt mir nicht“?

- Warum nicht?

Und wenn ich nicht den Anfang mache, sondern immer darauf warte, dass der andere jetzt mal den Anfang macht, entwickelt sich nichts Neues und ich kann weiter unzufrieden in der Beziehung leben. Oder auch in die nächste wechseln, um dann mit der Zeit festzustellen, dass ich an die gleiche Stelle komme, bei der ich in meiner alten Beziehung gegangen bin. Ein immer wiederkehrender Kreislauf. Das Gute ist, ich habe es in der Hand, ob ich den Kreislauf durchbrechen will oder nicht. Und zwar jetzt!

Printed by Books on Demand GmbH, Norderstedt / Germany